Esculape et Mars

Illustration de couverture :

Smith & Wesson, mod. 586, 357 Mag, Stéthoscope Littmann

Docteur Tanguy Kerneïs

Esculape et Mars

Certificat médical et détention d'armes

Tout ce que vous avez toujours voulu savoir sur
les certificats médicaux obligatoires
pour l'acquisition et ou la détention d'armes

Préface du docteur Christian Hugues

Postface de Jacques Reder

SPM
2019

ISBN : 978-2-917232-98-9

Éditions SPM 16, rue des Écoles 75005 Paris
Tél. : 06 86 95 37 06
courriel : lettrage@free.fr - site : www.editions-spm.fr

DIFFUSION – DISTRIBUTION : L'Harmattan
5-7 rue de l'École-Polytechnique 75005 Paris
Tél. : 01 40 46 79 20 – télécopie : 01 43 25 82 03
– site : www.editions-harmattan.fr

Les certificats médicaux
de non contre-indication indispensables

à l'acquisition et/ou
à la détention d'arme
à la pratique du tir sportif
à la pratique de la chasse
au port d'arme

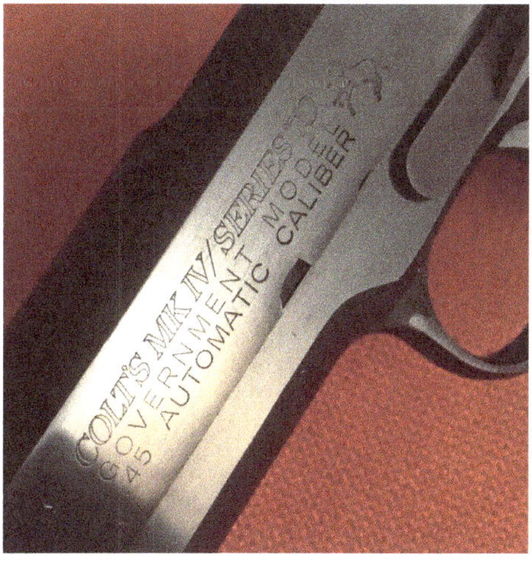

TIR NATIONAL
DE
VERSAILLES
RES
NON
VERBA
125 ANS

Sommaire

ANCGG
BREVET GRAND GIBIER

Préface

Étymologiquement, la rédaction d'une préface consiste à exposer l'intérêt que l'on a pour l'auteur et inciter le lecteur à se plonger dans l'ouvrage ; le plus souvent cette démarche relève de la complaisance et n'est pas toujours objective... Je serais bien incapable d'écrire quelques lignes que je ne ressentirais pas vraiment au fond de moi !

On est d'abord un peu malmené par le titre et on s'interroge sur ce paradoxe qui associe le médecin et les armes, et, concernant la profession médicale on s'attend plutôt à découvrir le bon usage du stéthoscope, du tensiomètre ou de l'abaisse-langue...

Pour ceux qui, comme moi, ont la chance de côtoyer Tanguy Kerneïs depuis plusieurs années, l'étonnement initial s'estompe rapidement et on a hâte de découvrir l'implication médicale « officielle » et « réglementaire » du médecin face aux armes.

Tanguy est un passionné : sa famille et ses amis d'abord qui sont un véritable moteur et sa raison d'être. La médecine et ses patients à qui il consacre l'essentiel de son temps, avec un dévouement extrême et sans borne. Il affiche, à mes côtés, au Conseil de l'Ordre des Médecins du 92, une disponibilité remarquable et son engagement à la fois pour notre Institution et pour nos confrères en difficulté l'ont immédiatement choisi comme responsable de la commission d'Entraide, de Prévention et de Sécurité. Il excelle dans ce rôle car il est un véritable « confrère de proximité », celui qui aide, dirige, réconforte et guide lorsqu'un problème surgit.

Ses proches savent également que Tanguy est passionné par les armes, et cela de longue date ! Son *cursus* universitaire s'est d'ailleurs enrichi, outre d'une compétence en médecine pénitentiaire, d'un diplôme spécifique aux Métiers de Sécurité et au port d'armes.

Cet ouvrage n'est donc pas le fruit du hasard !

Ainsi, par cette préface, je tiens à apporter à Tanguy, non pas de la complaisance, mais un témoignage d'attention et d'admiration pour l'originalité et la précision de son travail.

Cet ouvrage nous dévoile avec rigueur la réglementation sur un sujet encore confidentiel jusque-là réservé à un public connaisseur et expert, mais qui s'impose naturellement à tout médecin sollicité pour la rédaction des certificats médicaux.

Ceux-ci doivent de fait, être conformes à la législation établie afin de concourir à la défense de la Sécurité Intérieure du Territoire.

Ainsi, dans un monde malmené où les *Kalachnikov AK 47* déversent leurs déferlantes meurtrières, au cours de ces fusillades barbares qui font les unes médiatiques et sanglantes de nos journaux, un ouvrage comme celui-ci, écrit par un médecin, rappelle les règles du « bon usage » des armes à feu.

Docteur Christian Hugues
Président du Conseil départemental de l'Ordre des Médecins des Hauts-de-Seine

Remerciements

À ma Fille, le Dr Caroline Kerneïs, PH, Cardiologie, Hôpital Bichat.

À mon Fils, le Dr Mathieu Kerneïs, PH, Institut de Cardiologie, Pitié-Salpêtrière.

Au Docteur Christian Hugues, Président du Conseil départemental de l'Ordre des Médecins des Hauts-de-Seine.

À Eric Briano, Armurier diplômé de l'École de Liège, fabricant de carabines de grandes chasse, mon initiateur en armurerie, compagnon de chasse et ami.

À Antoine Cohen-Potin, Président Fondateur du Cercle Gaston Phoebus, compagnon de chasse et ami.

À Jacques Reder, Lieutenant de Louveterie de Paris, ancien Administrateur de la FICIF, compagnon de chasse et ami.

À Philippe Crochard, Président de la FFT.

À Raymond Sasia.

Au regretté Jules Lefevre, et au CTPPN.

À Gérard Bedarida, Président de l'ANCGG.

Au Médecin Chef des Services Hors Classe Yves Schuliar, Expert près la Cour de Cassation, ancien Directeur de l'Enseignement et de la Recherche, Pôle Judiciaire de la Gendarmerie nationale. PH, CHSF.

Au Pr Christian Hervé, PUPH, Laboratoire d'Éthique médicale et de Médecine légale Paris V.

À Éric Ledru, éditeur et ami.

À Laurent Bedu, rédacteur en chef d'*Armes de Chasse* et ami.

En haut : pistolet de vénerie.
En bas : pistolet an XIII « T ».

Avant-propos

La nouvelle règlementation sur les armes suscite des questions chez de nombreux médecins.

En effet, il leur est demandé de rédiger, encore plus que du temps du décret-loi du 18 avril 1939 et du décret du 6 mai 1995, de nombreux certificats de non contre-indication à la pratique du tir, à la pratique de la chasse, ou à la détention d'armes ou même au port d'arme.

Le code de la Sécurité intérieure puis le décret du 30 juillet 2013 ont, en effet, modifié les pratiques antérieures et demandent aux médecins de s'impliquer dans un domaine qui est parfois délicat.

Nous allons essayer, dans ce qui semble être un maquis règlementaire, d'éclairer la lanterne de nos confrères non rompus à ces pratiques.

En effet, nous sommes passés, avec le décret du 30 juillet 2013, de 8 catégories d'armes à 4 catégories, afin d'être en conformité avec la règlementation européenne.

Le but de la nouvelle loi est à la fois de simplifier la règlementation pour les citoyens pouvant justifier un « motif légitime » de détenir des armes : en pratique, les chasseurs, les tireurs licenciés, les collectionneurs répertoriés. En deuxième intention, la loi vise aussi à renforcer l'arsenal répressif, jusqu'alors assez peu dissuasif, à l'égard des nombreux contrevenants. Le dernier Décret du 29 juin 2018 en est encore l'illustration.

LA
LOI
GARDE-CHASSE
La Mercredière

Introduction

Médecins et armes : quelle antinomie entre ces deux mots ! En effet, tout les oppose à première vue.

L'arme est potentiellement porteuse de mort, depuis sa création, même si elle a été conçue, d'abord et avant tout, on l'oublie trop souvent, comme un outil de subsistance, de survie, de défense, de libération.

Le médecin, lui, est porteur de vie, de naissance, et même s'il assiste aux derniers instants de beaucoup de ses semblables, c'est pour tenter de rendre moins douloureux ce terrible passage.

Les médecins sont pourtant très « impliqués » dans le monde des armes, depuis longtemps, car certains sont des tireurs ou des chasseurs passionnés, ou même des aventuriers en plus d'être des disciples d'Esculape.

Sans remonter avant la Révolution, citons, par ordre chronologique, certains confrères, dont parfois les noms font partie de l'Histoire, la grande comme la petite, et qui ont marqué le monde des armes, parfois le monde tout court.

Nous oublierons le docteur Ignace Guillotin et sa terrible recommandation, car ici il n'est question que d'armes à feu.

Le Docteur Jean Alexandre François Le Mat, prolifique inventeur d'un revolver à percussion qui eut un grand succès dans les armées confédérées, pendant la guerre de Sécession. Ces armes originales font la joie des collectionneurs et font toujours l'objet de répliques à poudre noire pour les tireurs.

Le Docteur Georges Clemenceau, aussi redoutable tireur que grand chasseur. Beaucoup ont oublié qu'il fut médecin avant d'être un de nos plus célèbres hommes politiques.

Ce que l'on oublie aussi, c'est qu'il fut un spécialiste du duel au pistolet (12 duels).

Le Docteur Paul Devillers, inventeur du système de tir et d'entraînement au duel au pistolet qui porte son nom et qui le rendit célèbre parmi les amateurs, par le biais de la Société de tir qu'il fonda en 1904 : *L'Assaut au pistolet*, et, surtout, grâce à l'armurerie Gastinne-Renette, qui diffusa le système d'arme, les munitions spéciales et la tenue de protection qui permettaient l'entraînement, sans danger, des tireurs.

Le Docteur R. Bommier publie en 1924 *Pour réussir dans le tir de chasse,* chez l'auteur, au château de Wardrecques, Pas-de-Calais.

Le Docteur Émile Gromier, spécialiste de la chasse aux grands gibiers africains au milieu du XXe siècle, témoin de la présence française en Afrique de l'Ouest, publie chez Payot puis Durel, entre 1936 et 1948, plusieurs ouvrages toujours recherchés sur la faune des anciennes AEF et AOF et sur l'armement du chasseur.

Le Docteur Christian Rocher, auteur de deux ouvrages reconnus :

La chasse des canards, Éditions la Toison d'Or, 1953,

Les chasses des palombes et des tourterelles, aux Éditions de l'Orée, 1979.

Le Docteur Jean Fraisse, auteur de *Coup de feu dans la jungle,* Éditions La Toison d'Or, 1955, réédité en 2008 sous le titre *Dernières chasses en Indochine* chez Montbel.

Le Docteur Edmond Varin, spécialiste de l'arme de chasse rayée a écrit un remarquable ouvrage, en 1979, sur le tir de nos grands gibiers français, aux Éditions de l'Orée : *Chevreuil Cerf Sanglier*.

Le Docteur François Morel, ancien médecin militaire, auteur d'un rare *Les carnets de chasse d'un médecin de brousse*, publié chez l'auteur en 1983.

Le Docteur Pierre-Jean Corson, lui aussi spécialiste de l'arme rayée, prolifique rédacteur dans la revue *Cibles* d'articles sur les carabines de gros calibres et la balistique de chasse, dans les années 1990. Il signe aussi plusieurs ouvrages publiés aux Éditions du Gerfaut, dont :

Le safari en 1995,

Le buffle d'Afrique en 2002,

Les antilopes d'Afrique en 2004,

Les grands prédateurs d'Afrique en 2005.

Le Docteur Philippe Du Cheyron, spécialiste de la chasse à la passée, et auteur d'un ouvrage unique sur la reconnaissance de nuit des différentes espèces de gibier d'eau : *Reconnaître les oiseaux d'eau la nuit* en 1995, Association picarde des Chasseurs de Gibier d'Eau.

Le Docteur Jacques Vettier, l'un des plus grands chasseurs voyageurs français, écrit trois ouvrages exceptionnels relatant ses souvenirs :

Grandes chasses d'Asie, d'Afrique et d'ailleurs publié chez l'auteur en 1990 puis réédité chez Montbel en 2010,

Grandes chasses crépusculaires, Montbel , 2003.

Markhors, la quête ultime, Montbel, 2016

Le Docteur Alain François signe trois ouvrages uniques, typiques d'un chasseur naturaliste :

Les têtes bizardes de chevreuil, en 2008

Les têtes bizardes de cerf, en 2012

Les curiosités du sanglier, en 2015, publiés chez l'auteur et à l'ANCGG.

Le Docteur Jean Yves Quéau, auteur de *Trophées des sommets*, Éditions du Markhor, 2015, spécialiste de la chasse et du tir en haute montagne à l'approche des caprinés et des mouflons du monde entier.

Le Docteur Philippe Regenstreif, ancien médecin de marine, auteur des *Munitions militaires russes*, Crépin Leblond Éditions, 2007, après les uniques : *Culots de Munitions, Atlas*, chez Cépadues Éditions, 1995.

Ainsi, l'antinomie n'est qu'apparente, car que ce soit dans leur existence, ou à travers les ouvrages qu'ils ont publiés, ces distingués confrères (et j'en ai sûrement oublié !) montrent plus qu'un intérêt pour les armes, une véritable passion !

C'est ce que j'ai voulu faire ressentir par cette longue liste.

Cette apparente contradiction levée, entrons dans le vif du sujet.

Commentaires des textes législatifs et ordinaux

Les premières mesures visant à « réguler » les armes trouvent leur origine non pas dans le Droit Romain mais dans le Droit Canon, notamment dans les lois sur le blasphème.

Il y a simplement une volonté de contrôler la violence.

C'est à partir des premiers registres du Parlement de Paris « les Olim » rapportant les arrêts rendus par la Cour du Roi, depuis les années 1250, que l'on a vu s'écrire la doctrine royale, traduite par le Parlement en lois.

C'est avec l'ordonnance de 1439 sur les gens d'armes et leur armement, puis avec celle du 25 novembre 1487 sur « la défense faite à tous de porter des armes, à l'exception de l'Armée, des officiers, des nobles » que l'on a vu s'établir les bases de la règlementation sur les armes en France.

De la Royauté a la République, la continuité « de la doctrine de l'État » n'a pas varié : il suffit de lire l'article 40 du décret-loi du 18 avril 1939 : il abroge, entre autres, la déclaration du 15 décembre 1660 !

La loi n° 2012-304 du 6 mars 2012, avec son décret d'application n° 2013-700 du 30 juillet 2013, a remplacé le décret- loi du 18 avril 1939 et le décret n° 95-589 du 6 mai 1995, fixant le régime des matériels de guerre, armes et munitions.

La place des certificats médicaux y est encore renforcée. Et ce n'est qu'un début : la Commission européenne, à travers les 86 propositions de la députée Vicky Ford (UK), déposées en avril 2016, veut renforcer les contrôles médicaux pour les possesseurs d'armes, on parlerait même de contrôles pouvant être annuels !

Les dramatiques attentats de Paris et de Bruxelles amènent la Commission a vouloir réviser la législation européenne sur les armes. Ce sont les Directives 2016/1148 et 2017/853.

Rappel des textes qui régissent la possession d'armes en France métropolitaine et dans les Dom-Tom

Loi du 6 mars 2012 (2012-304) « relative à l'établissement d'un contrôle des armes moderne, simplifié et préventif ».

Décret d'application du 30 juillet 2013 (2013-700) : dont art. 2, 12, 13, 34, 35, 62 à 68, publié au *JO* (*Journal Officiel*), n° 0178, le 2 août 2013.

Arrêté du 2 septembre 2013 portant mesures de coordination pour l'établissement d'un contrôle des armes moderne, simplifié et préventif en application de la loi n° 2012-304 du 6 mars 2012.

Décret du 9 mai 2017.

Loi n° 2018-133 du 26 février 2018.

Décret N° 22018-542 du 29 juin 2018 (JO 0149 du 30 juin 2018).

Code de la Défense : partie 2, livre III, titre III, chapitre Ier et suivants, art. L.2331-1, L.2336-3, L.2336-6, L.2339-8, L. 2339-9.

Code de la Sécurité Intérieure : partie législative, livre III, titre Ier : armes et munitions, chapitre II : acquisition et détention, section 1 : dispositions générales, dont les art. L.312-1, L.312-6 et R. 312-4-1

Code de l'Environnement, livre IV, titre II, chapitre III : permis de chasser, dont art 423-6, 423-11.

Code du Sport : dont art. L.231-2-3-4 et D.231-1-5

Bulletin du CNOM (Conseil National de l'Ordre des Médecins) du 28 janvier 2014, circulaire n° 2014-009

Note : la Nouvelle Calédonie et la Polynésie ont un régime particulier : décret n° 2015-130 du 5 février 2015 (quotas).

Comparaison rapide entre les catégories selon le décret - loi de 1939 et le décret de 2013

L'esprit : il n'y a plus de classification liée au calibre mais liée au système de fonctionnement, à la « puissance de feu » pour faire simple, et à la date d'invention de ce système.

Donc, désormais, les armes sont classées selon leur « dangerosité » potentielle, en 4 catégories.

Ce qui explique, comme l'Europe le demandait, le changement.

La classification antérieure, une « exception » typiquement française, qui faisait la distinction entre armes « de guerre », de défense, de chasse, et qui était donc basée sur la notion de calibre avant celui du système de fonctionnement, n'existe plus.

Comme dans le reste de l'Europe, le bon sens politique et la logique armurière ont donc ici guidé le législateur.

Aucune loi n'est parfaite, celle-ci voulait simplifier les démarches pour les citoyens et l'administration chargée du contrôle. Le décret - loi comporte 188 articles ! Il est très complexe et doit être lu avec une attention soutenue pour en percevoir la simplification ! Heureusement, pour les tireurs et un peu pour les chasseurs, il y a eu des avancées certaines : libéralisation de la plupart des calibres militaires, arrêt de la distinction entre armes à percussion centrale et armes à percussion annulaire pour les autorisations de détention des tireurs sportifs, allongement de la durée de validité des autorisations.

Le but de cette communication est de simplifier et surtout de dédramatiser l'approche du sujet et la rédaction la plus sereine possible des certificats médicaux, relatifs notamment à la pratique du tir ou de la chasse et à la détention d'armes règlementées (c'est-à-dire de catégorie B).

Pour synthétiser la règlementation, parmi les 4 (3 bientôt) nouvelles catégories, A, B, C (et D), voyons les armes pour lesquelles nous serons sollicités.

Catégorie A

Cette catégorie fait l'objet d'un régime d'interdiction totale pour tous (sauf pour les experts près les Cours d'Appel ou de Cassation et certains tireurs sportifs). Elle regroupe entre autres toutes les armes dites « d'assaut ».

Elle comporte plusieurs rubriques.

Pour simplifier, elle regroupe notamment :

Toutes les armes de poing à chargeurs de plus de 20 coups, pistolets semi-automatiques et/ou automatiques (c'est-à-dire tirant par rafales).

Toutes les armes d'épaule (fusils, carabines, pistolets mitrailleurs, fusils-mitrailleurs et mitrailleuses) automatiques (tirant par rafales, ou appelées « full auto ») et semi-automatiques à chargeurs amovibles de plus de 10 coups.

Tous les éléments de ces armes, y compris leurs chargeurs de plus de 10 coups.

(les canardières d'un calibre supérieur au calibre 8, grâce au décret du 9 mai 2017, ne font plus partie de cette catégorie)

Enfin toutes les armes à feux camouflées sous la forme d'un autre objet.

Donc en pratique nos confrères seront peu souvent sollicités pour des certificats pour ce type d'armes.

Le décret du 9 mai 2017 a corrigé certaines dispositions de la loi (les versions « civiles » transformées en semi-auto à partir des armes d'épaules automatiques, alimentées par bandes ou permettant le tir de plus de 31 munitions passent de B2 en A1 – les mitrailleuses transformées sont donc interdites –) et préparait à l'adoption de la dernière directive européenne, après le vote de la loi « de transposition » en février 2018.

Le projet de loi du 31 janvier 2018, relatif à la transposition de la directive européenne (UE) 2016/1148 du Parlement Européen et du Conseil du 6 juillet 2016, concernant des mesures destinées à assurer un niveau élevé commun de sécurité, a été adopté par la France. Son Titre II « Dispositions relatives au contrôle de l'acquisition et de la détention d'armes », précise, dans les articles 16,17,18,19,20,21, de nouvelles modifications de la classification telle que définies en 2013.

Le Décret du 29 juin 2018 les détaille : pour la catégorie A :

Les armes longues, (d'épaule), issues des versions militaires automatiques full-auto transformées en semi-auto (en dehors des mitrailleuses, déjà interdites) jusqu'à présent en B2, sont reclassées en A1.Donc interdites au 1er août 2018.Chargeurs de plus de 10 coups (percussion centrale), classés, sauf dérogation, en A. Donc interdits.

La loi n° 2018-133 du 26 février 2018, dans son exposé des motifs, rappelle la nouvelle directive modificative de l'Union Européenne, 2017/853, du 17 mai 2017, qui devait être transposée dans le droit national avant le 14 septembre 2018.

Colt Governement Model, 45 ACP, MK IV/ Series 70, catégorie B-1°

Catégorie B

La catégorie B regroupe les armes soumises à autorisation administrative pour l'acquisition et la détention après enquête des services de police ou de gendarmerie.

L'achat ne peut se faire qu'avec les 2 volets de l'autorisation délivrée par l'administration préfectorale (Cerfa n° 12644*02).

C'est la catégorie qui peut « effrayer » le médecin :

Celle-ci comporte notamment toutes les armes de poing modernes à cartouches métalliques de tous calibres (chargeurs inférieurs à 20 coups) hors celles classées en catégorie A, donc uniquement semi-auto, utilisées surtout pour le tir sportif.

Elle comprend aussi toutes les armes d'épaule semi-automatiques à chargeur amovible (maxi 10 coups pour les percussions centrales) quel que soit le calibre « petit » ou « gros », à percussion centrale ou annulaire, là aussi très utilisées en tir sportif, notamment au « TAR » (Tir aux Armes Règlementaires), qui est devenu, en quelques années, une discipline très populaire.

Ce sont des compétitions où l'on utilise des armes de poing ou d'épaule d'un modèle règlementaire, actuel ou passé, quel que soit le pays d'origine, avec des rencontres dans toute la France.

Quota autorisé pour les licenciés majeurs : 12 armes des 1°, 2°, 4°, 9° de la catégorie B (article 34, I, 2°), et 10 à percussion annulaire, à un coup (art.34, II).

Quota de chargeurs par arme : 10.

Elle comprend les munitions afférentes bien sûr.

Pour résumer, c'est la catégorie des tireurs licenciés.

RAPPEL :

La loi qui autorisait l'acquisition d'une arme de catégorie A transformée en catégorie B (cette transformation doit être irrémédiable) est supprimée par le décret 2018-542.

La détention reste acquise pour les armes déjà autorisées, mais leur vente à un autre licencié est interdite.

Les chargeurs supérieurs à 10 coups et jusqu'à 30 coups, bien que classés A, peuvent être acquis par les licenciés FFT, en possession de l'autorisation de catégorie B de l'arme correspondante.

Les fusils à pompe à canon lisse, ainsi que ceux à canon rayé à canon de moins de 60 cm, et/ou de longueur inférieure à 80 cm, avec crosse pliante, et/ou de capacité supérieure à 5 coups, sont en catégorie B depuis le 1er août 2018.

Cela explique que l'on puisse voir chez ces armuriers habilités, dans les publications spécialisées et dans l'enceinte des stands de tir ou cela est autorisé, d'authentiques kalachnikov AK 47, UZI ou Thompson cal. 45, mais qui ne fonctionnent plus qu'en mode semi-automatique.

Et de manière non réversible.

Cela fait à la fois la joie des tireurs, celles des amis de l'Histoire et des collectionneurs.

Cela peut effrayer celui qui ne connaît le monde des armes que par les journaux, radios ou les grandes chaînes de télévision qui se délectent avec des titres accrocheurs du type : « un collectionneur maniaque a été arrêté par les forces de police en possession d'un véritable arsenal ! »

Il ne faut pas faire d'amalgame !

Le décret du 9 mai 2017 et la loi du 26 février 2018 ainsi que le décret du 29 juin 2018 ont modifié certaines dispositions ci-dessus afin de rendre plus robuste cette législation.

RAPPEL :

Un médecin ne sera sollicité que pour des armes légalement détenues !

Le marché des armes illégales échappe à toutes les Institutions !

Comparé au nombre de détenteurs, en France, il y a moins d'accidents liés aux armes légalement détenues qu'à la possession d'une voiture !

Balle Brenneke calibre 16 (balle à ailettes pour les médias !)

Browning Challenger, Cal. .22LR, 6″3/4, Cat. B-1°.

Browning GP 35, Modèle Sport, 9m/m parabellum. 13coups.
Catégorie B-1°.

S &W, Mod. 586, .357 Magnum, 4'', Catégorie B – 1°
Catégorie B-1°.

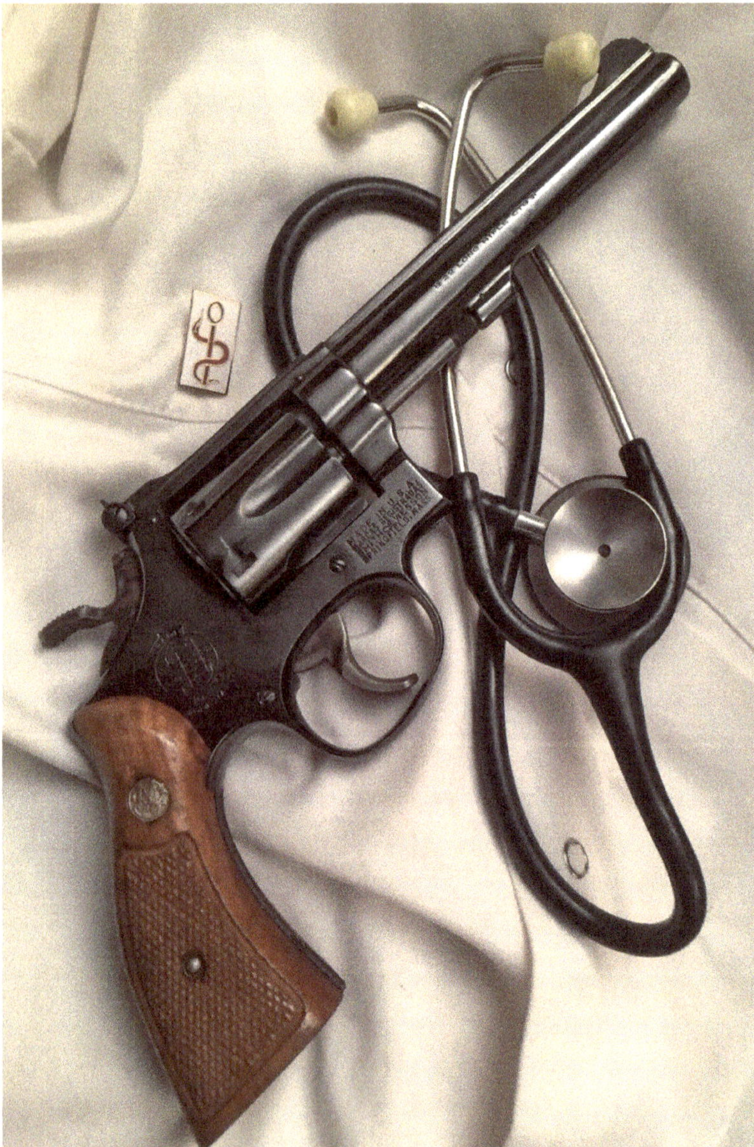

S &W Mod. 17, K 22, Cal. .22 LR, canon 6'', Catégorie B – 1°

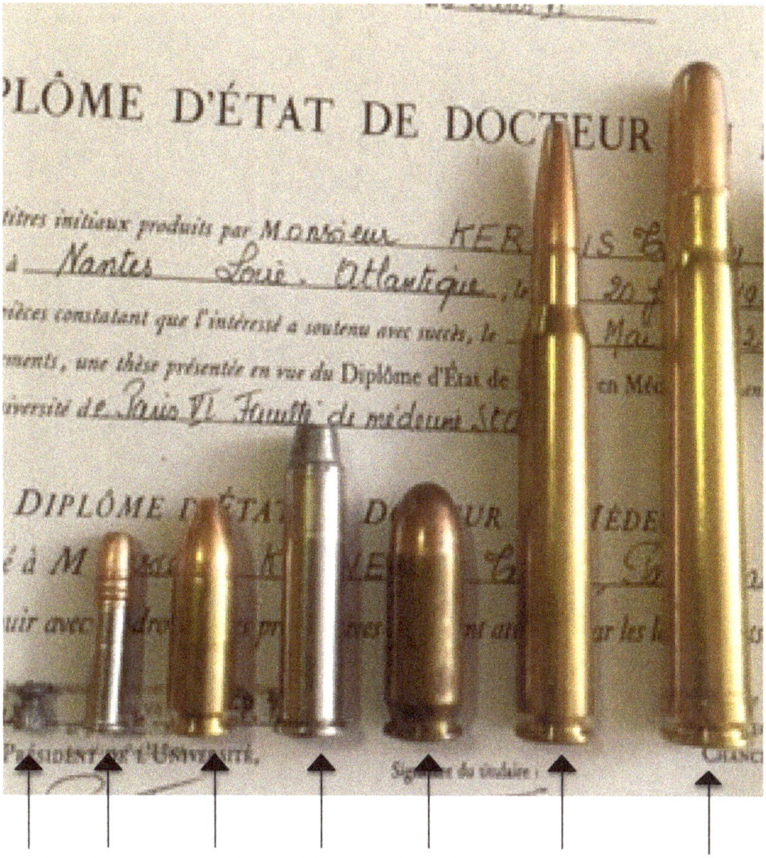

4,5 air, 22 LR, 9m/m. Para 357 Mag., .45 ACP, 7X64, 375 H&H

de 0.45 grammes à 19,4 grammes, de 7 à 5900 Joules ! (à labouche)

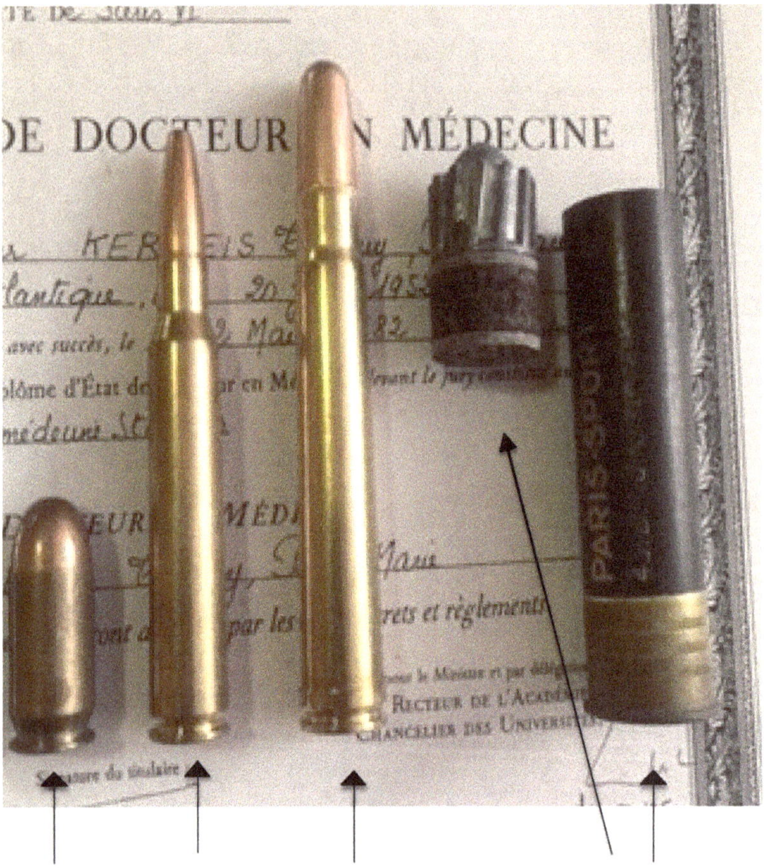

45 ACP, 7X64 Brenneke, 375 H&H, Brenneke C. 16

de 14,9 à 29 grammes ! 260 m/s, 938m/s, 800m/s, 420 m/s.

Catégorie C

La catégorie C regroupe les armes soumises à déclaration pour l'acquisition et la détention.

Présentation obligatoire pour l'achat, d'un permis de chasse ou d'une licence de tir, qui valent certificat médical et d'une CNI en cours de validité. CNI et certificat médical si collectionneur.

Cette catégorie C comprend notamment les carabines à répétition manuelles et magasins de 10 coups maximum, les carabines semi-automatiques à chargeurs fixes et de capacité de 2 coups maximum : en clair, les carabines de chasse au grand gibier et pour le tir à longue distance.

Elle comprend aussi les anciens fusils militaires règlementaires à répétition manuelle, de tous calibres, à percussion centrale (les « gros » calibres) ou à percussion annulaire (les « petits » calibres, le 22 LR par exemple), postérieurs à 1900, non classés D,

Et les fusils de chasses semi-automatiques à canons lisses ainsi que les fusils dits « à pompe » et à canons rayés, dont la crosse est fixe, la longueur supérieure à 80 cm, le canon supérieur à 60 cm et la capacité inférieure ou égale à 5 coups.

Et, depuis le décret du 29 juin 2018, les armes de l'ex catégorie D1 : tous les fusils de chasse à canon lisse .

Et, depuis ce même décret, les armes démilitarisées antérieurement en D2 .

Les armes dites de « défense », non létales : Flash Ball, Gom cogne.

Les armes à air de puissance supérieure à 20 joules.

Pas de quota d'armes (en métropole uniquement).

Et, bien sûr, les munitions afférentes.

On aura noté que ce qui différencie la catégorie C de la catégorie B est en fait la « capacité de feu » : en B le semi-automatique avec chargeur de grande capacité, en C, la répétition manuelle avec des petites capacités, et les semis automatiques sans chargeurs amovibles et avec magasin à capacité réduite.

C'est surtout la catégorie des chasseurs et des tireurs licenciés.

Revolver MAS, modèle 1892, Marine, 8m/m 92 Catégorie B-1°
(bien que l'arme soit antérieure à 1900)

Catégorie D

La catégorie D regroupait, jusqu'au 1er août 2018, les armes soumises à enregistrement pour la sous-catégorie D-1 et non soumises à enregistrement pour la sous-catégorie D-2, dont l'acquisition et la détention sont libres.

Depuis cette date, la catégorie D1 (fusils de chasse à canons lisses, 1 coup par canon), est transférée en C.

Dans la D2, les armes démilitarisées sont transférées en C.

Il reste donc en D : pour les armes à air et/ou feu :

Les armes à air de faible puissance (moins de 20 joules)

Les armes d'un millésime de fabrication inférieur à l'année 1900, sauf exclusion, voir liste (par exemple certaines Winchester et certains Mauser sont en C et non en D).

Les répliques d'armes d'un millésime inférieur à 1900 (et d'un modèle ayant existé).

Pas de quota pour cette catégorie et les sous-catégories. Pas de certificat médical.

Acquisition sous réserve de la présentation d'une CNI pour la catégorie D.

Cette catégorie comporte donc notamment les armes historiques et de collection conçues avant le 1er janvier 1900, sauf celles surclassées en catégories en B ou en C.

Cette catégorie intéresse surtout les tireurs à la poudre noire et les tireurs aux armes anciennes, c'est-à-dire armes dont le millésime de fabrication est antérieur à 1900.

Avec la loi n° 2018-133 du 26 février 2018, portant diverses dispositions d'adaptation au droit de l'Union européenne dans le domaine de la sécurité, la transposition des deux directives (UE), 2016/1148 et 2017/853, la catégorie D est très modifiée. Néanmoins, il faut la connaître, car, pour les armes acquises avant le 1er août 2018, elle reste la loi !

Remington 1858, réplique Armi Pietta, Cal.36, Catégorie D-2-f)

Balle Brenneke vue de face : on comprend « l'efficacité ! »

Feinwerkbau LP, Modell 65, Cal. 4, 5, Catégorie D-2-h)
Belle machine allemande de précision, pour concours !

Les certificats médicaux de non contre-indication
réglementaires et indispensables

à l'acquisition et/ou à la détention d'arme
à la pratique du tir sportif
à la pratique de la chasse au port d'arme

NOTE sur l'EXAMEN MÉDICAL :
Modifié et
Codifié depuis l'arrêté du 24 juillet 2017,
JORF n° 0190 du 15 août 2017,
Vu le code du sport,
Fixant les caractéristiques de l'examen médical
spécifique relatif à la délivrance du certificat
médical de non-contre indication à la pratique
des disciplines sportives à contraintes particulières.

Le 5° de l'art. 1 de cet arrêté :
« une attention particulière est portée sur :
l'examen neurologique et la santé mentale »

Mauser 66

Le certificat de non contre-indication à la détention d'arme est indispensable à l'acquisition, à la détention, à la déclaration, des armes de catégorie A, B, C, D, ainsi que cela est précisé par :

La Loi n° 2012-304 du 6 mars 2012.

Son décret 2013-700 du 30 juillet 2013

Le Code de la Défense : art. L. 2336-3.

Le Code de la Sécurité Intérieure : art. L. 312-6, /-4-1,/-55

Le Code du sport : art. L. 231-2-3, D. 231-1-5

L'arrêté du 24 juillet 2017, relatif à la délivrance du certificat Médical pour les disciplines à contraintes particulières

Il est obligatoire dans des situations multiples :

Pour des pratiques sportives variées, mais aussi à la chasse, depuis février 2019, pour les collectionneurs et enfin à tout citoyen mis en présence d'une arme.

À travers certains faits divers, comme la tuerie de Nanterre, qui en est un exemple tragique, le rôle, par l'établissement du certificat médical, du médecin traitant notamment, est rappelé et donc, sa responsabilité peut être engagée, sur un plan ordinal, pénal, civil.

Il existe des dérogations au secret médical : annexe à l'article 4 du code de Déontologie Médicale (code de la Santé Publique R .4127-4), figurant au : dérogations légales, B) permissions de la Loi : le médecin peut être amené à faire un signalement à l'autorité administrative en cas de :

Dangerosité, pour elles-mêmes ou pour autrui, des personnes connues du médecin pour être détentrices d'une arme à feu ou ayant manifesté leur intention d'en acquérir une.

Le rappel des art. 226-14 3° et 226-13 du code pénal et de l'art. R 4127-4 du Code de la Santé Publique éclairera les lecteurs.

L'article 4127-4 du Code de la Santé Publique dispose :

Le secret professionnel, institué dans l'intérêt des patients, s'impose à tout médecin dans les conditions établies par la loi.

Le secret couvre tout ce qui est venu à la connaissance du médecin dans l'exercice de sa profession, c'est-à-dire non seulement ce qui lui a été confié, mais ce qu'il a vu, entendu ou compris.

L'article 226-13 du Code Pénal dispose :

La révélation d'une information à caractère secret par une personne qui en est dépositaire, soit par état ou par profession, soit en raison d'une fonction ou d'une mission temporaire, est punie d'un an d'emprisonnement et de 15 000 euros.

L'article 226-14 3° du Code Pénal dispose :

L'article 226-13 n'est pas applicable :

Aux professionnels de la santé ou de l'action sociale qui informent le Préfet et, à Paris, le Préfet de Police, du caractère dangereux pour elles-mêmes ou pour autrui, des personnes qui les consultent et dont ils savent qu'elles détiennent une arme ou qu'elles manifestent leur intention d'en acquérir une.

Le signalement aux autorités compétentes, effectué dans les conditions prévues au présent article, ne peut faire l'objet d'aucune sanction disciplinaire.

La tuerie de Nanterre aurait pu être évitée, car il y a bien eu un signalement.

Les situations

Celle du tireur sportif, licencié FFT/FFBT/FFS (biathlon) en première demande, sur ordonnance (le renouvellement de licence étant une aptitude au tir sportif, mais pouvant faire office de certificat médical de non incompatibilité – art. 12 du décret du 30 juillet 2013).

Celle du tireur sportif sollicitant une autorisation d'acquisition et de détention pour une arme à feu réglementée ou renouvelant une autorisation de détention.

Celle du chasseur, qui va passer l'examen du permis de chasser.

Celle du citoyen mis en possession d'une arme par voie successorale ou par découverte et qui désire la conserver, n'étant ni tireur ni chasseur. Bientôt celle du collectionneur.

Mais d'abord, qui sont ces personnes amenées à solliciter un tel certificat médical ? Que font-elles ? Pour quelle pratique ? et combien sont-elles ?

1 150 000 chasseurs, 260 000 licenciés FFT, FFBT, BIATHLON, le nombre de collectionneurs n'est pas connu actuellement.

Certaines sont faciles à « cerner » car « fichées » à travers certains fichiers administratifs :

Le fichier AGRIPPA : Application de Gestion du Répertoire Informatisé des Propriétaires et Possesseurs d'Armes

Le fichier FINIADA : Fichier National des Interdits d'Acquisition et de Détention d'Armes

Le fichier TAJ : Traitement des Antécédents Judiciaires

Le fichier des Permis De Chasser

Les fichiers des Fédérations Sportives concernées.

Les fichiers AGRIPPA et TAJ ne sont consultables que par les personnels habilités de la Police, de la Gendarmerie et des Douanes. Les armuriers enregistrés près les Préfectures peuvent aussi interroger le fichier FINADIA.

Un nouveau fichier, renseigné par le Service Central des Armes, mis en place le 27 janvier 2017, à Nanterre, va remplacer, petit à petit AGRIPPA.

Depuis le décret du 29 juin 2018, les ventes d'armes entre particuliers, sauf D, sont réglementées, elles ne peuvent se faire que par l'intermédiaire d'un armurier ou d'un courtier, ceux-ci interrogeant notamment le FINIADA.

Club de tir de Paris de la Police nationale

I

Le tireur sportif

Licencié FFT (Fédération Française de Tir) : elle ou il pratique le tir sur cibles fixes ou mobiles, avec des armes modernes ou anciennes, de petit ou de gros calibre, rayées ou lisses, à feu comme à air, de poing (pistolet, révolver) ou d'épaule (carabine, fusil), dans un stand agrée. En 2018 il y a près de 220 000 licenciés FFT.

Licencié(e) FFBT (Fédération Française de Ball-Trap) : elle ou il pratique le tir sur des cibles mobiles projetées (les plateaux d'argile), par un lanceur avec un fusil à canons lisses dans un stand agrée.

En 2018, on compte près de 40 000 licenciés FFBT enregistrés.

Licencié FFS (Fédération Française de Ski, Biathlon) : elle ou il est d'abord un skieur, qui pratique le biathlon, tir sur cibles fixes à la carabine de petit calibre, après une course à ski.

En 2014, après les JO, il y avait 400 pratiquants (sur un total de 120 000 skieurs licenciés). 600 actuellement.

Pour mémoire, les Arquebusiers de France, tireurs à l'arme ancienne, sont déjà des licenciés FFT (Inclus dans les 220 000).

En 2018, il y aurait donc près de 260 000 utilisateurs et, souvent multi possesseurs d'armes, à titre sportif, en France. Leurs armes sont règlementées pour certaines, et dans tous les cas elles sont, au minimum, maintenant déclarées.

En effet, la Loi du 6 mars 2012, « relative à l'établissement d'un contrôle des armes moderne, simplifié et préventif » et son décret d'application du 30 juillet 2013, avec l'arrêté d'application du 2 septembre 2013, a remplacé le décret-loi du 18 avril 1939 et le décret du 6 mai 1995 qui, jusqu'alors, régissaient le contrôle des armes dans notre pays.

Le décret du 9 mai 2017, la loi du 26 février 2018, le décret du 29 juin 2018 ont encore modifié cette loi.

Il y a 4 catégories d'armes au lieu de 8 antérieurement.

Colt .45 ACP, Mark IV, 70 Model, étui Bianchi, Chapman Hi Ride
L'archétype de l'équipement pour le Tir en Situation

Les licences, FFT, FFBT, ne sont pas délivrées après un examen, comme le permis de chasser, mais la FFT, pour sa part, a institué plusieurs mesures « sélectives » ou plutôt, « prudentielles ».

D'abord, avant la première demande de licence, donc lors de la première inscription dans un club agrée FFT, il faut produire un certificat médical, sur une ordonnance, de non contre-indication à la pratique du tir.

Ensuite, obtenir le « Carnet de tir »

Dispositions légales du Carnet de Tir

Art. R 312-40 et R 312-43 du Code de Sécurité Intérieure, Arrêté du 16 décembre 1998, art. 34 et 35

Décret du 30 juillet 2013.

Carnet de tir mis en place par le décret du 6 mai 1995, pièce indispensable à l'acquisition et au renouvellement des armes soumises à autorisation (catégorie B), (ce carnet est destiné a contrôler l'assiduité du tireur), pour l'obtenir il faut avoir satisfait à un contrôle des connaissances, en remplissant un questionnaire conforme à la circulaire fédérale DTN MM n° 528 du 2 Février 1999 : cela se passe dans le Club de Tir, sous le contrôle du président, d'un formateur diplômé d'état, d'un breveté fédéral ou d'un arbitre.

Score nécessaire : 12/20, et il y a des questions éliminatoires.

La licence est un document annuel, comme pour les autres sports mais elle comporte, au verso, un volet contrôle médical obligatoire, constatant l'absence de contre-indication à la pratique du tir sportif, signé et daté par le médecin traitant, lequel certifie avoir examiné le titulaire.

Ce volet doit obligatoirement être complété pour que la licence soit valable et puisse remplir ses différentes « fonctions ».

Fédération Française de Tir
LICENCE FÉDÉRALE
Saison 2011/2012
Nom :
Prénom :
N° Licence :
N° Club :
Né(e) le : Cat. Age :
SPECIMEN
F.F.Tir - 38, rue Brunel 75017 PARIS - www.fftir.org - Tél : 01 58 05 45 45

Licence FFTIR, recto

CONTRÔLE MÉDICAL OBLIGATOIRE

Conformément aux règlements médicaux, je soussigné

Docteur ______________________________ certifie avoir examiné

le ____________________ M, Mme ______________________________

et n'avoir constaté ce jour aucun signe de contre indication à la pratique du tir sportif.

SPECIMEN

Date, signature et cachet du Médecin-Traitant :

Notice d'assurance remise

Signature du Président :

Signature du Titulaire :

Licence FFTIR, verso
Le certificat médical annuel pré-rempli

Lors de la première demande de licence, c'est-à-dire à la première inscription dans un Club de Tir, le tireur doit fournir un certificat médical, sur une ordonnance (loi 99-223 article 5), de « non contre indication à la pratique du tir », certificat conservé par le Club.

Ensuite, tous les ans, c'est au dos de la licence, que la non contre indication au tir sportif doit recevoir le tampon et la signature du médecin traitant.

Ce certificat pré-rempli, au dos de la licence, fera fonction, pour toute demande d'autorisation de détention d'arme de catégorie B, pour tout achat d'arme de catégorie C, de certificat médical « traditionnel » rédigé sur une ordonnance.

Il y a donc le « filtre » du Club de Tir, avant de pouvoir acquérir une arme à titre sportif.

Mais le médecin n'est pas le seul acteur responsable, dans le cas du tir sportif, au vu de l'obtention des conditions nécessaires à l'acquisition d'une arme de catégorie B, ou C

Si l'on veut éviter les drames de l'auto-défense, les demandes d'arme au titre de la défense non justifiées, il faut encourager les demandeurs à s'inscrire à un Club de Tir.

La pratique des armes, au sein d'un cadre officiel, permet de limiter les accidents et les dérives.

Le Président du club a accès maintenant à FINIADA.

Jusqu'à présent nous n'avons évoqué que des certificats de pratique sportive.

Nous allons voir maintenant un certificat qui engage beaucoup plus directement la responsabilité du médecin, et « sans filtre » puisqu'il s'agit d'attester la non incompatibilité d'un état de santé avec la possession d'armes.

C'est uniquement dans un cadre non sportif, et ne relevant pas de la chasse (collectionneur, mise en possession par découverte ou héritage).

Pour les tireurs sportifs, l'art. 12, II, 4°, b) est venu amendé le Code de la Défense et le Code de Sécurité Intérieure l. 312-6.

Pour les chasseurs, l'art.46 du décret 2013-700 du 30 Juillet 2013 les dispense de produire un certificat.

Pour les métiers de sécurité, le même art. 12, I, 1, 4°, dispense aussi les demandeurs de certificat médical lors de la demande d'autorisation.

La MASCF (Mutuelle d'Assurance du Corps de Santé Français) rappelle, sur son site, le 25 novembre 2013, que la vigilance du médecin doit être de mise et que tout certificat doit être de moins d'un mois (rappel du Code de la Défense).

Le CNOM (Conseil National de l'Ordre des Médecins) précise que la non incompatibilité est attestée à la date du certificat, dans sa circulaire 2014-009.

Disposition fondamentale, le certificat médical, institué par le Code de la Défense, dans son article L. 2336-3 – Loi n° 2003-239 du 18 mars 2003, demande au médecin « d'attester que l'état de santé physique et psychique, n'est pas incompatible avec la détention de ces matériels, armes et munitions » .

C'est donc une règle générale, confirmée par le décret n° 2013-700 du 30 juillet 2013 : l'achat d'arme, en France, est soumise a la présentation d'un certificat médical, datant de moins de 30 jours (excepté pour la plupart des armes de catégorie D (collection, armes à air de faible puissances, répliques).

Comme précisé précédemment, il y a, à cette obligation, plusieurs dispenses qui « dédramatisent » notre rôle :

Pour les tireurs d'abord, avec l'article 12 ,II,4°,B), du décret du 30 juillet 2013 : la licence de la Fédération sportive de l'année, tamponnée et signée par le médecin , remplace ce certificat médical.

Pour les chasseurs, ensuite, le permis de chasser rempli la même fonction (article 46, décret du 30 juillet 2013).

La validité de ces documents est d'1 an.

En cas d'antécédents psychiatriques, un 2e certificat, rédigé par un médecin spécialiste en psychiatrie (DES, CES.PH Enseignants des UFR, Expert près les tribunaux) doit être joint (article l.2336-3 du Code de la Défense et article 13 du décret du 30 Juillet 2013) et attester de la non incompatibilité de l'état de santé avec la demande .

Il faut rappeler que l'administration préfectorale peut, dans le respect du secret médical, interroger les ARS afin de vérifier si le demandeur a fait l'objet d'hospitalisation sans consentement.

En examinant le certificat médical pour le permis de chasser, et ses clauses d'exclusions, la société peut se sentir protégée mais il est à souligner qu'il n'y a pas « d'unité de procédure » avec les autres « demandeurs » d'armes.

D'où la question suivante :

Pourquoi n'y aurait-il pas un certificat unique, commun à toutes les situations c'est-à-dire quand une acquisition, une détention, une mise en possession, un usage, sportif, cynégétique, de défense, même un port d'arme, serait sollicité ?

Nous y reviendrons plus loin.

Cette réflexion pourrait sembler déplacée pour tous les tireurs licenciés notamment, pour tous les citoyens qui risqueraient de l'interpréter comme une contrainte supplémentaire, voire une atteinte aux libertés, voire même une rupture du secret médical, alors qu'en fait elle s'orienterait dans le sens d'une grande simplification de par cette unicité, d'une plus grande clarté et pour les médecins et aussi pour la société qui leur délègue cet élément indispensable à la prise de décision (favorable ou non) par l'Administration vis-à-vis du demandeur.

Et il n'y a pas rupture du secret médical, simplement un rappel de la loi et donc un possible signalement sans poser le moindre diagnostic.

II

La chasseresse, le chasseur

Avec 1 150 000 détenteurs de permis (2,2 % de femmes), la France a le plus important contingent de chasseurs d'Europe.

Les lois de Décembre 1974 et de Mai 1975 instituent le « permis de chasser », il s'obtient, après réussite d'un examen organisé pour le compte de l'État, par l'Office National de la Chasse et de la Faune Sauvage depuis 1976.

Il comporte une épreuve théorique et une épreuve pratique, avec des questions éliminatoires. Pour s'inscrire à l'examen du permis de chasser, le (la) candidat(e) doit remplir un imprimé Cerfa 13945*03 au dos duquel figure un certificat médical, pré-rempli, avec le rappel des incompatibilités médicales telles que figurant dans l'art. R.423-25 I et III du Code de l'Environnement. Cette obligation de certificat médical est prévue par l'article L. 423-6 du Code de l'Environnement.

Le permis de chasser est un document permanent, valable la vie entière du chasseur (et même reconnu comme pièce d'identité par l'arrêté du 19 Décembre 2007), dont la validation annuelle ou temporaire, nationale ou départementale, permet la pratique de la chasse.

Le permis de chasser a aussi une autre fonction : Par l'article 46 du décret du 30 Juillet 2013, il fait fonction de certificat médical et remplace celui institué par le Code de la Défense dans son article l. 2336-3, obligatoire pour l'achat d'une arme de catégorie C.

Annexe n° 4 : CERFA n° 13945*04

cerfa
N° 13945*04

RÉPUBLIQUE FRANÇAISE
Ministère chargé de la chasse et de la protection de la nature

DEMANDE D'INSCRIPTION A L'EXAMEN ET DE DELIVRANCE DU PERMIS DE CHASSER

Code du service national articles L.113-4 et L.114-6
Code de l'Environnement articles L.423-5 à L.423-11, L.423-25, R.423-2 à R.423-11 et R. 423-25
Arrêté du 7 octobre 2013 relatif aux modalités de l'examen préalable à la délivrance du permis de chasser

A compléter par la FDC / FIC :

☐ **Inscription** à l'examen unique
☐ **Réinscription** à l'examen unique

agrafez ici
vos photos d'identité
sans les détacher l'une de l'autre et après avoir porté vos nom et prénoms au dos
(pas d'agrafe sur le visage)

Votre demande doit être déposée à la Fédération départementale ou interdépartementale des chasseurs de votre choix, qui la transmet à l'Office national de la chasse et de la faune sauvage.
Votre demande doit être accompagnée :

- de la **photocopie d'une pièce d'identité** recto/verso en cours de validité (carte nationale d'identité, passeport), pour les étrangers, toute pièce en tenant lieu ;
- de **deux photographies d'identité normalisées (format 35 x 45 mm et de préférence en couleur) récentes (datant de moins de 6 mois) et identiques** à agrafer au présent formulaire dans le cadre réservé à cet effet (portez vos nom et prénoms au dos) ;
- du **certificat médical**, au verso de la présente demande, attestant que vous n'êtes pas atteint de l'une des affections médicales ou infirmités mentionnées à l'article R.423-25 du code de l'environnement (reproduit au dos de la présente demande), daté de moins de deux mois au jour de votre inscription ;
- des **documents ci-après relatifs aux obligations du service national**, si vous êtes français et si vous avez entre 16 à 25 ans :

- vous avez moins de 16 ans ou plus de 25 ans : aucun justificatif n'est à produire
- vous avez entre 16 et 18 ans, il faut joindre à la demande :
  une attestation de recensement
  ou le certificat de participation si vous avez déjà participé à la « journée défense et citoyenneté » (anciennement « journée d'appel de préparation à la défense »
- vous avez entre 18 et 25 ans, il faut joindre à la demande :
  le certificat de participation à la « journée défense et citoyenneté » (anciennement « journée d'appel de préparation à la défense »)
  ou une attestation provisoire si vous n'avez pas encore participé à la journée défense et citoyenneté, ce document comportant obligatoirement une date de validité
  ou une attestation individuelle d'exemption

- si vous êtes mineur(e) ou majeur(e) en tutelle, de **l'autorisation de votre représentant légal** (père, mère, tuteur ou juge des tutelles) ;
- de **la déclaration sur l'honneur** (figurant ci-dessous) que vous aurez signée vous-même (que vous soyez mineur(e), majeur(e) ou majeur(e) en tutelle), attestant que vous ne relevez pas des causes d'incapacité ou d'interdiction pouvant faire obstacle à l'inscription à l'examen et à la délivrance du permis de chasser listées au dos de la présente demande ;
- d'**un chèque bancaire ou postal ou d'un mandat postal**, dont le montant correspond à la somme du droit d'inscription à l'examen de 16€ et de la redevance pour la délivrance du permis de chasser de 30 € (15 € pour les mineurs) libellé à l'ordre de « Agent comptable de l'Office national de la chasse et de la faune sauvage ».

VOTRE IDENTITE

☐ Madame ☐ Monsieur (*) Cochez la case qui vous concerne

Votre nom de naissance :
Votre nom d'usage(1) :
Vos prénoms :
Votre date de naissance :
Votre ville de naissance (et précisez le pays de naissance si vous êtes né(e) à l'étranger) :
Département :
Votre adresse N° et rue :
Commune :
Code postal :
Votre nationalité :
Téléphone fixe (facultatif) : - Téléphone portable (facultatif) :
Adresse électronique (facultatif) : @

(1) : Nom d'usage : nom de l'époux(se), veuf(ve), divorcé(e), nom de l'autre parent accolé au nom de naissance

Je demande mon inscription à l'examen et la délivrance du permis de chasser.
Je déclare sur l'honneur qu'aucune des causes d'incapacité ou d'interdiction pouvant faire obstacle à l'inscription ou à la délivrance du permis de chasser, figurant au dos de la présente demande, ne m'est applicable.

Fait à : ____________________

le :

Portez **votre signature** (le candidat) dans le cadre ci-contre (en veillant à ne pas dépasser le cadre) : →

IDENTIFICATION ET AUTORISATION DE VOTRE REPRESENTANT LEGAL

dans le cas où vous êtes mineur(e) : ☐ Père ☐ Mère ☐ Tuteur (*)
dans le cas où vous êtes majeur(e) en tutelle : ☐ Juge des tutelles(*)
(*) Cochez la case qui vous concerne

☐ Madame ☐ Monsieur (*) Cochez la case qui vous concerne

Nom de naissance :
Nom d'usage(1) :
Prénoms :

J'autorise le candidat désigné ci-dessus dans le cadre « identité » à s'inscrire à l'examen et à demander la délivrance du permis de chasser.

Fait à ____________________,

Signature du représentant légal :
(et cachet du tribunal si majeur en tutelle)

le :

(1) : Nom d'usage : nom de l'époux(se), veuf(ve), divorcé(e), nom de l'autre parent accolé au nom de naissance

La loi n° 78-17 du 6 janvier 1978 modifiée relative à l'informatique, aux fichiers et aux libertés s'applique aux données nominatives portées dans ce formulaire. Elle garantit un droit d'accès et de rectification pour ces données auprès de l'Office national de la chasse et de la faune sauvage – Direction des actions territoriales.

CAUSES D'INCAPACITÉ OU D'INTERDICTION POUVANT FAIRE OBSTACLE A L'INSCRIPTION A L'EXAMEN OU A LA DELIVRANCE DU PERMIS DE CHASSER (articles L. 423-6, L.423-7, L.423-11 et L. 423-25 du code de l'environnement)

L'inscription à l'examen est refusée :

- aux personnes qui ne peuvent fournir un certificat médical attestant que son état de santé physique et psychique est compatible avec la détention d'une arme, c'est-à-dire :

article R.423-25- I et III du code de l'environnement

à toute personne atteinte de l'une des affections médicales ou infirmités suivantes :
- toute infirmité ou mutilation ne laissant pas la possibilité d'une action de tir à tout moment précise et sûre ;
- toute affection entraînant ou risquant d'entraîner des troubles moteurs, sensitifs ou psychiques perturbant la vigilance, l'équilibre, la coordination des mouvements ou le comportement ;
- toute affection entraînant ou risquant d'entraîner un déficit visuel ou auditif susceptible de compromettre ou de limiter les possibilités d'appréciation de l'objectif du tir et de son environnement ;
- toute intoxication chronique ou aiguë ou tout traitement médicamenteux dont les effets peuvent entraîner les mêmes risques.

- aux personnes privées du droit de détention ou de port d'armes par décision préfectorale ou par suite d'une condamnation.

Sont astreintes à l'examen du permis de chasser prévu à l'article L. 423-5, avant toute nouvelle délivrance d'un permis de chasser, les personnes :

- frappées de la privation temporaire du droit d'obtenir ou de détenir un permis de chasser par décision de justice ;
- dont le permis serait nul de plein droit en application de l'article L. 423-11.

La délivrance d'un permis de chasser est refusée :

- aux personnes âgées de moins de seize ans ;
- aux majeurs en tutelle, à moins qu'ils ne soient autorisés à chasser par le juge des tutelles ;
- à ceux qui, par suite d'une condamnation, sont privés du droit de port d'armes ;
- à ceux qui n'ont pas exécuté les condamnations prononcées contre eux pour l'une des infractions à la police de la chasse ;
- à tout condamné en état d'interdiction de séjour ;
- à ceux qui n'ont pu produire le certificat médical prévu à l'article L. 423-6 ;
- aux personnes ayant formé l'opposition prévue au 5° de l'article L. 422-10 ;
- aux personnes privées, en application de l'article L. 428-14, du droit de conserver ou d'obtenir un permis de chasser ;
- à ceux qui sont inscrits au fichier national automatisé nominatif des personnes interdites d'acquisition et de détention d'armes visé à l'article L.2336-6 du code de la défense ;
- à tout individu qui, par une condamnation judiciaire, a été privé de l'un ou de plusieurs des droits énumérés à l'article 131-26 du code pénal.
- à tout condamné à un emprisonnement de plus de six mois pour rébellion ou violence envers les agents de l'autorité publique ;
- à tout condamné pour délit de fabrication, débit, distribution de poudre, armes et autres munitions de guerre, de menaces écrites ou de menaces verbales avec ordre ou sous condition.

Pour ces deux derniers points, le refus de délivrer le permis de chasser aux condamnés cesse cinq ans après l'expiration de la peine.

Vous êtes informé :

- qu'est nulle de plein droit toute inscription à l'examen fondée sur une fausse déclaration ;
- qu'est nul de plein droit tout permis de chasser délivré sur une fausse déclaration ;
- que, dans ce cas, le permis de chasser doit être remis à l'Office national de la chasse et de la faune sauvage à sa demande ;
- que quiconque se sera fait délivrer indûment ou aura tenté de se faire délivrer indûment un permis de chasser sera puni des peines prévues par l'article 441-6 du code pénal (deux ans de prison et 30.000 € d'amende).

CERTIFICAT MEDICAL

Je soussigné(e), Docteur : Nom : |_|_|_|_|_|_|_|_|_|_|_|_|_|_|_|_|_|_|_|_|_|_|_|_|_|_|_|_|_|_|_|_|_|

Prénoms : |_|_|_|_|_|_|_|_|_|_|_|_|_|_|_|_|_|_|_|_|_|_|_|_|_|_|_|_|_|_|_|_|_|

Numéro d'identifiant R.P.P.S [(2)] : |_|_|_|_|_|_|_|_|_|_|_| [(2)] : R.P.P.S : répertoire partagé des professionnels de santé

Ou Numéro de référence ADELI [(3)] : |_|_|_|_|_|_|_|_|_| [(3)] : ADELI : répertoire national d'Automatisation Des Listes

Atteste que ☐ Madame ☐ Monsieur (*) Cochez la case qui vous concerne

Nom : |_|_|_|_|_|_|_|_|_|_|_|_|_|_|_|_|_|_|_|_|_|_|_|_|_|_|_|_|_|_|_|_|_|_|_|_|_|_|_|_|

Prénoms : |_|_|_|_|_|_|_|_|_|_|_|_|_|_|_|_|_|_|_|_|_|_|_|_|_|_|_|_|_|_|_|_|_|_|_|_|_|_|_|_|

n'est pas atteint(e) de l'une des affections médicales ou infirmités rendant dangereuse la pratique de la chasse, mentionnées à l'article R.423-25 du code de l'environnement, reproduites ci-dessus.

Fait à ______________________________ ,

le : |_|_| |_|_| |_|_|_|_|

Signature et cachet du médecin :

Observations éventuelles du médecin :

Insignes des brevets grand gibier ANCGG : Argent, Arc, Or.

III

Le simple citoyen

Le citoyen, non tireur, non chasseur

En théorie, tout citoyen français peut demander une autorisation d'acquisition et de détention pour une arme de catégorie B, au titre de la défense – ce n'est pas un port d'arme, seulement une autorisation de détention, pour un lieu précis – ainsi que cela est mentionné à l'art. 33 du décret 2013-700 du 30 Juillet 2013.

Cette autorisation au titre de la défense est très peu délivrée contrairement a ce que l'on peut penser.

Il est nécessaire de joindre à la demande un certificat médical de moins de 15 jours, tel que stipulé par le Code de la Défense dans son article L.2336-3.

À noter que depuis le décret du 30 Juillet 2013, le citoyen qui désire une arme, au titre de la défense, doit présenter une attestation de suivi de la formation initiale aux règles de sécurité, de stockage et de manipulation des armes, dispensée par une structure agrée. Cette formation peut être un élément d'appréciation des capacités d'aptitude (art. 12, II, 7°, c).

Dans tous les cas, il existe des moyens très simples, et tout à fait respectueux de la loi pour celui qui veux se donner la peine de la lire, de détenir même une arme de poing et *a fortiori* d'épaule, y compris à cartouche métallique, sans enfreindre les foudres de la justice, sauf à en faire usage injustifié.

Mais ce n'est pas notre propos que de décortiquer les arcanes de cette loi ; chacun se fera un plaisir de la lire et de regarder les analyses et commentaires publiés dans les n° spéciaux de *Cibles, La Gazette des Armes* ou sur le site de l'« UFA » entre autres.

Hormis ces cas, tout citoyen n'a pas de motif légitime pour acquérir ou détenir une arme a feu moderne , catégorie C, sauf s'il connaissait, avant le 1er août 2018, la loi 2012-304 et son décret d'application du 30 Juillet 2013 dont l'art. 45 dispose :

L'héritage et la découverte autorise (art. R. 312-55 du CSI), la mise en possession d'une arme de catégorie C, ou ex D1, (maintenant en C) même en l'absence de licence de tir ou de permis de chasser, à condition de produire un certificat médical de moins d'un mois ,attestant que « l'état de santé n'est pas incompatible avec la détention de l'arme » et bien sûr, accompagné de l'imprime Cerfa prévu à cet effet.

Nous pourrons rappeler au patient que s'il est inscrit à un club de tir, ou s'il a un permis de chasser, avant sa demande, cela justifiera maintenant celle-ci auprès de la préfecture.

Enfin, il lui reste toutes les armes de catégorie exD2, dont l'acquisition se fait sans formalités, sur présentation de la CNI.

Il n'y a nul besoin de certificat médical pour se procurer une arme de cette catégorie.

Sans faire de prosélytisme, le médecin aura intérêt à conseiller au demandeur, qui ne serait pas licencié, de s'inscrire dans un Club de Tir affilié. Cela permettra d'écarter les patients « border line » : dès qu'il remplira le questionnaire pour obtenir le carnet de tir, si son comportement n'est pas « normal », il ne lui sera pas délivré, et encore moins l'« avis favorable », document officiel indispensable à l'acquisition d'arme de catégorie B. Depuis le 1er février 2019, le statut de collectionneur est une réalité : le titulaire bénéficie d'une carte qui lui permettrait d'acquérir des armes de catégorie C, mais pas les munitions afférentes. Le certificat médical nécessaire pour une acquisition étant intégré à la carte.

Walther PP 7, 65 Browning, catégorie B-1°.
L'arme de James Bond !

P 08, S/42, 9m/m Parabellum, (Luger), 1938, Catégorie B –1°

IV

Le collectionneur

Le statut de collectionneur a été introduit par la loi du 6 mars 2012. Le collectionneur n'est ni un tireur ni un chasseur, même s'il peut acquérir les armes de Catégorie C dans les mêmes conditions, il n'a pas l'autorisation de détenir les munitions actives correspondantes. La présentation de la carte du collectionneur supplée à la production d'un certificat médical.

Depuis le 1er février 2019, il existe une carte du collectionneur. Cette carte, d'une validité de 15 ans, est obtenue après avoir déposé en Préfecture un Cerfa N° 15956*01, accompagné, entre autre, d'une certificat médical attestant que « son état de santé physique et psychique n'est pas incompatible avec la détention d'armes et de munitions » et d'une attestation délivrée par une association de collectionneur (reconnue par décision du ministère de l'Intérieur), attestation pour avoir été sensibilisé aux règles de sécurité.

ATTENTION :

L'arrêté du 24 août 2018 surclasse certaines armes de D en C5 ou en B9 ou de B en D.

V

Les métiers de la sécurité, le port d'armes

Le port d'arme (porter une arme sur soi), qui n'a rien de commun avec la détention d'arme, est interdit en France, sauf motif légitime (Code de la Sécurité Intérieure, art.R315-1), (décret du 30 Juillet 2013, art. 121, 123, 124, 125).

Le permis de chasser, accompagné de sa validation ou une licence de tir de l'année en cours, sont les pièces justificatives d'un motif légitime, et, dans le cadre de leurs utilisations respectives, équivalent à un titre de transport.

Nous voulons évoquer ici la place des certificats médicaux d'aptitude au port d'arme pour les « métiers de la sécurité ».

Pour les personnels de la Police Nationale, de la Gendarmerie Nationale, des Douanes, de l'Administration Pénitentiaire, de la Police des Transports (RATP, SNCF), de l'ONCFS , de l'ONF, des Polices Municipales, de la Banque de France, du CEA, des sociétés de transport de fonds, le port d'une arme fait partie du quotidien, et fait l'objet d'un certificat médical, rédigé par les médecins « police » pour la Police Nationale, les médecins militaires pour la Gendarmerie Nationale.

Pour les autres Administrations, et les sociétés de transport de fonds, ce sont des médecins agrées ou titulaires du DU (Paris V) « aptitude au port d'arme et aux métiers de sécurité », qui devraient le rédiger.

FLUCTUAT
NEC
MERGITUR
CLUB DE TIR DE PARIS

Modalités pratiques

Qui rédige le certificat ?

Tout médecin pour la première demande de licence. Tout médecin pour le permis de chasser.

Le médecin traitant pour le renouvellement de la licence de tir.

Un psychiatre CES, DES, Hospitalo-Universitaire, ou un psychiatre expert près les tribunaux, si il y a des ATCD psychiatriques connus.

(Ou, sur demande du Préfet, en cas de saisie, avant d'envisager une restitution des armes.)

Un médecin police pour les personnels de la Police. Un médecin militaire pour ceux de la Gendarmerie. Certains médecins du Travail.

Un médecin agrée près la Préfecture, liste dressée par l'Agence régionale de santé (ex. médecin assermenté).

Les médecins titulaires du diplôme universitaire d'aptitude au port d'arme et aux métiers de sécurité.

Validité du certificat : 1 mois maximum, décret 2013-700, sauf art. L.2336-3 du Code de la Défense (15 jours).

RÉDACTIONS DES CERTIFICATS ET / OU DES ATTESTATIONS

– Pour la première inscription dans un Club de Tir, le praticien rédige sur une ordonnance un certificat (après avoir précisé qu'il a examiné le demandeur) de « non contre-indications cliniquement décelables à la pratique du tir sportif ce jour ».

Ou bien il peut reprendre une rédaction identique à celle du certificat figurant au verso de la licence FFTIR (ci-dessous).

– Pour les renouvellements annuels des licences FFTIR, FFBT, FFS un certificat spécifique, pré-rempli et à compléter par le médecin traitant, se trouve au verso de la licence.

Pour le biathlon, il existe une attestation fédérale pré-remplie de la FFS, à compléter par tout médecin (il n'est pas précisé médecin traitant) et qui permet à la fois la pratique sportive en compétition et l'acquisition d'une carabine de biathlon (catégorie C).

Pour les renouvellements d'autorisation de détention d'armes de catégorie B, à titre sportif, tous les 5 ans, en théorie, la licence de l'année vaut certificat.

En pratique, certains services de l'État continuent à en exiger un, suivant de vieilles habitudes, je conseille de rédiger un certificat précisant qu'il n'y a « pas de contre-indications à la détention d'armes de catégorie B et à la pratique du tir sportif ».

Cela évite au demandeur un refus pour dossier incomplet, même si c'est en fait une demande abusive.

– La chasse : seule la demande d'inscription à l'examen du permis de chasser et sa délivrance fait l'objet d'une demande de certificat médical, (pas le renouvellement annuel), il est pré-rempli et figure au recto de l'imprimé Cerfa 13945*03 sous forme d'une attestation certifiant que le demandeur « n'est pas atteint(e) de l'une des affections ou infirmités rendant dangereuses la pratique de la chasse, mentionnées à l'article R.423- 25 du Code de l'Environnement ».

ATTESTATION FEDERALE DE PRATIQUE SPORTIVE DU BIATHLON

Cette attestation doit permettre de procéder à:
L'Acquisition et la Déclaration d'une carabine de Biathlon (Catégorie C)
et
L'Obtention de la Carte Européenne de Transport d'Arme à Feu

Conformément aux articles R312-53, R312-55, R314-20 du décret n°2014-1253 du 27 octobre 2014

ATTESTATION FEDERALE DE PRATIQUE SPORTIVE

(cadre réservé à la FFS)

Je soussigné, M. Michel VION, Président de la Fédération Française de Ski, atteste que la personne dénommée ci-dessous

Nom : ______________________ Prénom : ______________________

est détenteur d'une ***Licence Fédérale Compétiteur*** en cours de validité, et pratique le Biathlon en compétition.

N° de Licence : ______________________________
Ski-club : __________________________________
Comité Régional de Ski : _______________________

... Date...Signature

Cette attestation doit permettre à l'athlète cité de procéder à la Déclaration de sa carabine de Biathlon en Préfecture selon les règles en vigueur. Aussi dans le cadre de son activité (le Biathlon) l'athlète est susceptible d'être convoqué par la Fédération délégataire pour participer à des stages d'entraînement ou des compétitions internationales à l'étranger mais aussi pour participer à des compétitions nationales nécessitant la traversée de pays étrangers. Ainsi cette attestation doit aussi lui permettre d'obtenir sa Carte Européenne de Transport d'Arme à Feu.

CERTIFICAT MEDICAL DE PRATIQUANT

Je soussigné, Dr ______________________________________.

atteste que la personne dénommée ci-dessous

Nom : ______________________ Prénom : ______________________

ne présente pas de contre-indication à la pratique du sport en compétition, ainsi qu'à la pratique de l'épreuve de tir dans la discipline du biathlon en compétition.

......Date.. Signature

Ces « causes d'incapacité ou d'interdiction pouvant faire obstacle à l'inscription à l'examen ou à la délivrance du permis de chasser » sont détaillées sur 35 lignes, au dessus de l'attestation pré-remplie. Il n'est pas précisé que ce soit le médecin traitant qui remplisse cette attestation.

Les N° ADELI et le RPPS (N° d'identification des médecins figurant sur les ordonnances) seront renseignés.

– La demande de détention au titre de la défense :

Art.12, I, 4°, décret 2013-700 : sur une ordonnance, on rédigera ainsi :

« Certificat médical datant de moins d'un mois attestant que l'état de santé physique et psychique du demandeur n'est pas incompatible avec la détention d'armes et de munitions ».

Il n'est pas précisé si c'est le médecin traitant qui doit le rédiger.

– Pour la mise en possession, on procèdera de la même façon que ci-dessus.

– Le port d'arme :

Pour le simple citoyen et le collectionneur, c'est en théorie interdit, sauf motif légitime comme nous l'avons déjà vu.

S'il était accordé au titre de la défense, Article 33 du décret N° 20013-700, ce sont des « Personnes exposées à des risques sérieux du fait de leur activité professionnelle », l'Article 12 de ce décret 2013-700 ne les exonère pas de la production d'un certificat médical (à rédiger comme une détention défense).

Il est à noter qu'il n'y a pas obligation de produire un certificat médical (Art.12) pour les demandes émanant des entreprises de spectacle (Art. 26), des entreprises procédant à des essais industriels (Art. 28), des experts judiciaires (Art. 29), des convoyeurs privés et entreprises de sécurité (Art. 32)

L'Art. 12, I, 4° n'exonère pas à priori les officiers d'active et de réserve, ainsi que les sous-officiers d'active, (ils devraient alors s'adresser à un médecin militaire) et les fonctionnaires et agents des administrations ou services publics qui feraient une demande d'acquisition et de détention d'arme de catégorie B au titre de l'accomplissement du service ou s'ils sont exposés à des risques d'agression (Art.25).

Ceci pour des armes personnelles, à titre non sportif, en plus des armes administratives ou de dotation ou en plus de celles déjà détenues à titre sportif.

Pour les fonctionnaires de la Police Nationale, ils devraient s'adresser au médecin « Police ».

Les autres fonctionnaires n'ont d'autre choix que leur médecin traitant ou un médecin agrée.

Cas particulier des Lieutenants de Louveterie

L'arrêté du 10 Février 1979, JO 03-03-1979, précisait que les Lieutenants pouvaient « acquérir, porter une arme de 1ère ou de 4e catégorie », après autorisation du Directeur Départemental de l'Agriculture, visée par le Préfet.

Le décret 2013-700 ; dans ses articles 25 et 61, en attendant une refonte de cet arrêté (inchangé sur le fond : les armes de 1ère et de 4e catégorie concernées sont devenues des armes de catégorie B), continue de permettre leur armement.

La particularité de leur cas repose sur la validité du certificat médical qui leur est demandé : dans la circulaire du 5 Juillet 2011, signée de Madame la Ministre du Développement Durable, NOR DEVL 110 5808 C, MEDDTL n° 2011/15 du 25 Août 2011, page 66 (texte non publié au JO), il est précisé, fiche n° III :

« Afin de s'assurer de l'aptitude physique des candidats, il leur est demandé de fournir un certificat de moins de 2 mois, à la date de nomination, attestant de leurs aptitudes physique et psychique à exercer leur mission et à détenir une arme. »

« Le certificat médical pourra s'inspirer de celui requis pour la délivrance du permis de chasser »

La circulaire reprend alors les causes d'incapacités détaillées au recto du Cerfa n° 13945*03.

Cette recommandation va dans le sens d'une uniformisation des certificats médicaux, prenant modèle sur le certificat inclus dans la demande d'inscription à l'examen du permis de chasser, qui semble, dans sa formulation, le plus détaillé des certificats.

Mais on voit donc, qu'il y a par rapport au certificat requis dans le Code de la Défense, dont la validité est de 15 jours, et celui requis par le Décret 2013-700, dont la validité est de moins d'un mois (30 jours si on le prend à la lettre !), comme souvent en matière de loi, des conditions qu'il faut connaître afin de ne pas se voir refuser pour cause d'erreur de procédure, l'autorisation demandée !

On peut penser que le certificat « à problème », où le médecin est « seul », serait celui rédigé pour la défense, la mise en possession par succession ou découverte et la collection.

On pourrait, dans ces derniers cas, envisager que le certificat médical ne soit délivré que si le demandeur, non chasseur ou non tireur licencié, a suivi un stage de formation initiale aux règles de sécurité, de stockage et de manipulation des armes, comme cela est prévu pour la défense, dans le décret du 30 Juillet 2013.

Bien sur, hormis la défense, cela ne repose sur aucune obligation légale, mais on peut imaginer que le médecin se retranche derrière cette nouvelle obligation pour la défense, pour l'étendre a toute demande hors du tir sportif et de la chasse, activités ou il n'est pas « seul » à porter la responsabilité.

Cette proposition de formation pourrait être étendue aux collectionneurs non tireurs et/ ou non chasseurs, dont le statut n'est pas encore totalement arrêté à ce jour.

Causes d'incapacité ou d'interdiction pouvant faire obstacle à l'inscription à l'examen ou à la délivrance du permis de chasser (articles L. 423-6, L.423-7, L.423-11 et L. 423-25 du Code de l'Environnement)

L'inscription à l'examen est refusée aux personnes qui ne peuvent fournir un certificat médical attestant que leur état de santé physique et psychique est compatible avec la détention d'une arme, c'est-à-dire :

À toute personne atteinte de l'une des affections médicales ou infirmités suivantes :

• toute infirmité ou mutilation ne laissant pas la possibilité d'une action de tir, à tout moment précise et sûre – article R. 423-25-I et III du Code de l'Environnement.

• toute affection entraînant ou risquant d'entraîner des troubles moteurs, sensitifs ou psychiques perturbant la vigilance, l'équilibre, la coordination des mouvements ou le comportement ;

• toute affection entraînant ou risquant d'entraîner un déficit visuel ou auditif susceptible de compromettre ou de limiter les possibilités d'appréciation de l'objectif du tir et de son environnement ;

• toute intoxication chronique ou aiguë ou tout traitement médicamenteux dont les effets peuvent entraîner les mêmes risques.

• aux personnes privées du droit de détention ou de port d'armes par décision préfectorale ou par suite d'une condamnation.

Sont astreintes à l'examen du permis de chasser prévu à l'article L. 423-5, avant toute nouvelle délivrance d'un permis de chasser, les personnes :

• frappées de la privation temporaire du droit d'obtenir ou de détenir un permis de chasser par décision de justice ;

• dont le permis serait nul de plein droit en application de l'article L. 423-11.

La délivrance d'un permis de chasser est refusée :

• aux personnes âgées de moins de seize ans.

• aux majeurs en tutelle, à moins qu'ils ne soient autorisés à chasser par le Juge des Tutelles.

• à ceux qui, par suite d'une condamnation, sont privés du droit de port d'armes.

• à ceux qui n'ont pas exécuté les condamnations prononcées contre eux pour l'une des infractions à la police de la chasse.

• à tout condamné en état d'interdiction de séjour.

• à ceux qui n'ont pu produire le certificat médical prévu à l'article L. 423-6.

• aux personnes ayant formé l'opposition prévue au 5° de l'article L. 422-10.

• aux personnes privées, en application de l'article L. 428-14, du droit de conserver ou d'obtenir un permis de chasser.

• à ceux qui sont inscrits au fichier national automatisé nominatif des personnes interdites d'acquisition et de détention d'armes visé à l'article L.2336-6 du Code de la Défense.

• à tout individu qui, par une condamnation judiciaire, a été privé de l'un ou de plusieurs des droits énumérés à l'article 131-26 du Code Pénal.

• à tout condamné à un emprisonnement de plus de six mois pour rébellion ou violence envers les agents de l'autorité publique.

• à tout condamné pour délit de fabrication, débit, distribution de poudre, armes et autres munitions de guerre, de menaces écrites ou de menaces verbales avec ordre ou sous condition.

Pour ces deux derniers points, le refus de délivrer le permis de chasser aux condamnés cesse cinq ans après l'expiration de la peine.

Vous êtes informé :

• qu'est nulle de plein droit toute inscription à l'examen fondée sur une fausse déclaration.

• qu'est nul de plein droit tout permis de chasser délivré sur une fausse déclaration.

CERTIFICAT MÉDICAL

Je soussigné(e), Docteur : Nom :

....

....

Prénoms :

....

Numéro d'identifiant R.P.P.S (2) : ....
(2) : R.P.P.S : répertoire partagé des professionnels de santé ou Numéro de référence ADELI (3) : .... (3) ADELI : répertoire national d'Automatisation Des Listes
Atteste que ☐ Madame ☐ Monsieur (*) Cochez la case qui vous concerne Nom :

....

....

....

Prénoms :

....

....

n'est pas atteint(e) de l'une des affections médicales ou infirmitésrendant dangereuse la pratique de la chasse, mentionnées à l'article R.423-25 du code de l'environnement, reproduites ci-dessus.

Fait à____,
Signature et cachet du médecin :
le : |_____|__| |__|__| |__|__|__|__|

Observations éventuelles du médecin

• que, dans ce cas, le permis de chasser doit être remis à l'Office National de la Chasse et de la Faune Sauvage à sa demande.

• que quiconque se sera fait délivrer indûment ou aura tenté de se faire délivrer indûment un permis de chasser sera puni des peines prévues par l'article 441-6 du code pénal (deux ans de prison et 30 000 € d'amende).

Les causes de contre-indication a la pratique du tir et donc, en théorie, à la détention d'arme de catégorie B.

En synthétisant les recommandations des Fédérations (FFTIR, FFBT) et celles du Ministère de l'Environnement, pour l'examen du permis de chasser, on distinguera les contre-indications absolues et définitives et les contre-indications temporaires et relatives.

Les contre-indications absolues et definitives

1) Troubles psychiatriques, faisant (ou ayant fait) l'objet d'une prise en charge spécialisée. A fortiori si le demandeur a fait l'objet d'une hospitalisation en milieu psychiatrique ou bien sûr d'une HDT (SDT ou SDTU), ou d'une HO (SDRE). (On rappelle l'obligation, dans ces cas, d'un deuxième certificat médical, rédigé par un psychiatre).

2) Déficit visuel grave non susceptible d'une amélioration par un traitement médical ou chirurgical

3) Toute pathologie entraînant ou risquant d'entraîner des troubles moteurs ou sensitifs perturbant l'équilibre, et/ou la coordination des mouvements, et/ou le comportement, et/ou la vigilance.

4) Toute infirmité ou mutilation rendant dangereuse la manipulation d'une arme pour l'utilisateur et/ou pour les tiers présents.

5) Toute intoxication aiguë ou chronique constatée (alcool, stupéfiants, médicaments), dont les effets peuvent rendre dangereuse la manipulation d'une arme pour l'utilisateur et/

ou des tiers, car perturbant notamment la coordination des mouvements et la vigilance.

6) Pas de délivrance de certificat à un majeur sous tutelle, curatelle, et toute mesure de sauvegarde.

7) Pas de délivrance à un mineur sans la présence du ou des parents responsables. (Art. 7 et 8 du décret 2013-700)

LES CONTRE-INDICATIONS RELATIVES OU TEMPORAIRES

1) Troubles du rythme cardiaques susceptibles d'entraîner des syncopes, non traités, non stabilisés ou non appareillés.

2) Comitialité non traitée, non stabilisée, avec absence de crise depuis 1 an.

3) Chirurgie du membre supérieur, du côté dominant (droit pour un droitier, gauche pour un gaucher), non stabilisée.

4) Chirurgie du rachis récente non stabilisée.

5) Déficit auditif non appareillable, susceptible de limiter ou compromettre les possibilités d'appréciation de l'objectif du tir et de son environnement.

6) Tout épisode aigu d'une affection grave et/ou instable.

Rappel de la loi

Article 30 du décret 2013-700 ,3°,4° :

Pour la catégorie B, l'autorisation n'est pas accordée lorsque le demandeur :

3° a un comportement incompatible avec la détention d'une arme.

4° fait l'objet d'un régime de protection en application de l'article 425 du Code Civil, a été ou est admis en soins psychiatriques sans consentement en application de l'article 706-135 du Code de Procédure Pénale et des articles L.3212-1 à L.3213-11 du Code de la Santé Publique ou est dans un état physique ou psychique manifestement incompatible avec la détention de ces matériels, armes et munitions.

Note : art. 425 du CC : tutelle, curatelle.

Art. 706-135 du NCPP : hospitalisation sans consentement.

Avec, dans les mesures de sûreté, l'interdiction de détenir ou de porter une arme.

Art. L. 3212-1 à 3213-11 du CSP : HDT (hospitalisation à la demande d'un tiers) et soins sur décision du représentant de l'État, c'est-à-dire les hospitalisations sans consentement.

Dans tous les cas ne pas hésiter à prendre un avis spécialisé.

Les causes d'incapacité pour le permis de chasser

Article R.423-25 I et II du Code de l'Environnement :

L'inscription à l'examen du permis de chasser est refusée à toute personne atteinte de l'une des affections médicales ou infirmités suivantes :

Toute infirmité ou mutilation ne laissant pas la possibilité d'une action de tir à tout moment précise et sûre.

Toute affection entraînant ou risquant d'entraîner des troubles moteurs, sensitifs ou psychiques perturbant la vigilance, l'équilibre la coordination des mouvements ou le comportement.

Toute affection entraînant ou risquant d'entraîner un déficit visuel ou auditif susceptible de compromettre ou de limiter les possibilités d'appréciation de l'objectif du tir et de son environnement.

Toute intoxication chronique ou aiguë ou traitement médicamenteux dont les effets peuvent entraîner les mêmes risques.

A cela, il faut ajouter le refus de délivrance, sauf par autorisation du Juge des Tutelles, aux majeurs sous tutelle.

Dans son excellent article du bulletin de l'Ordre National des Médecins (Mai-Juin 2014), le Dr Jean-Marie Faroudja, président de la section Éthique et Déontologie du CNOM, aborde le sujet des armes et du certificat médical et nous précise aussi que, selon les circonstances, le médecin consulté peut se déclarer incompétent.

Par exemple, en pratique, si le médecin n'est pas le médecin traitant, il peut se retrancher derrière ce fait, et ne pas signer de certificat.

Si, étant le médecin traitant, le praticien avait connaissance d'ATCD psychiatriques, il devrait dire a ce patient qu'un deuxième certificat est nécessaire, ou signaler sur son certificat, par une note, que celui-ci ne sera valable que s'il satisfait a l'art. 2336-3 du Code de la Défense et a l'art. 13 du décret du 30 Juillet 2013 (pour mémoire, un second certificat rédigé par un médecin psychiatre).

Ce n'est qu'une manière, sans trahir le secret médical, d'alerter ou bien le stand de tir pour une première prise de licence ou bien le service de la règlementation, qui dans toutes les préfectures, est chargé de la mise en route de l'enquête préalable à la délivrance d'une autorisation de détention pour une arme de catégorie B.

Le but étant que des situations comme celle ayant amené à la tuerie de Nanterre, le 27 mars 2002, quand Richard Durn tue 8 personnes en plein Conseil Municipal, ne puissent se reproduire.

Annexe : *Bulletin du CNOM*, n° 35, mai / juin 2014

Armes et certificat **médical**

Régime administratif de l'acquisition et/ou de la détention de matériels, armes et munitions : interdiction, autorisation, déclaration, enregistrement ou détention libre en fonction de la catégorie.

Tout patient désirant acquérir ou détenir une arme et/ou des munitions doit produire un certificat médical datant de moins d'un mois (code de la sécurité intérieure, article L. 312-6).

Les armes sont désormais classées en **4 catégories** (A, B, C, D) en fonction de leur dangerosité, et non plus de leur nature. À chaque catégorie correspond un régime administratif d'acquisition et de détention.

- Cat. A – armes et matériels de guerre (Défense nationale, sécurité publique) : interdits à l'acquisition et à la détention pour les particuliers.
- Cat. B – certaines armes à feu de poing, d'épaule, semi-automatiques… : autorisation du préfet.
- Cat. C – certaines armes à feu d'épaule ou susceptibles de tirer une balle ou autres projectiles non métalliques… : déclaration en préfecture.
- Cat. D – certaines armes à feu sont soumises à enregistrement en préfecture (D 1 : armes d'épaule à canon lisse et munitions, un coup par canon), mais l'acquisition et la détention sont libres pour les autres armes (D 2 : armes blanches, incapacitants, lacrymogènes, armes à impulsion…).

Armes et certificat médical

- Cat. B : l'autorisation pour acquérir ou détenir requiert un certificat médical. Si le demandeur est titulaire d'une **licence de tir** (fédération sportive agréée par le ministère chargé des Sports) tamponnée du médecin, valide, de moins d'un an et déjà délivrée au vu d'un certificat, un nouveau certificat n'est pas requis.
- Cat. C : la déclaration pour acquérir ou détenir requiert un certificat médical. Si le demandeur est titulaire d'un **permis de chasse ou d'une licence de tir** (fédération sportive agréée par le ministère chargé des Sports) tamponnés du médecin, valides, de moins d'un an déjà délivrés au vu d'un certificat, un nouveau certificat n'est pas requis.
- Cat. D 1 : pour les armes soumises à enregistrement, un certificat médical ou licence de tir ou permis de chasser (en cours de validité) est nécessaire.
- Cat. D 2 : l'acquisition et la détention sont libres et ne nécessitent donc pas de certificat.

Il est recommandé au médecin de conserver un double du certificat médical, **qu'il pourrait faire contresigner par le demandeur.** Selon les circonstances, le médecin consulté peut se déclarer incompétent.

Le préfet pourra vérifier auprès de l'ARS l'éventuelle admission en soins psychiatriques sans consentement dans un établissement de santé ou l'éventuel traitement dans un service ou secteur de psychiatrie d'un demandeur qui n'a pas produit le certificat médical prévu.

Rédiger un certificat médical

Pour le demandeur sans antécédents psychiatriques, le médecin traitant pourra rédiger le certificat, dont la validité n'est que de **1 mois** :

> Je soussigné…, docteur en médecine (spécialité), certifie, après avoir examiné M. (ou Mme)…, qu'**à la date du présent certificat** l'état de santé physique et psychique de M. (ou Mme)… n'est pas incompatible avec la détention d'une arme et de munitions de catégorie…
> Certificat rédigé à la demande de l'intéressé(e) et remis en main propre.
> À… le…

Pour le demandeur qui suit ou a suivi un traitement dans un service ou secteur de psychiatrie d'un établissement, il est **également** exigé un certificat médical d'un médecin psychiatre (CES ou DES, ou ayant qualité particulière : praticien hospitalier, enseignant de psychiatrie, médecin de la préfecture de police, expert près les tribunaux…). Sa validité n'est que de **1 mois** :

> Je soussigné…, docteur en médecine, (spécialité et qualité, praticien hospitalier ou…), certifie, après avoir examiné M. (ou Mme)…, **qu'à la date du présent certificat, et pour autant que j'ai eu connaissance de ses antécédents**, l'état de santé physique et psychique de M. (ou Mme…) ne constitue pas de contre-indication à l'acquisition ou à la détention d'une arme et de munitions de catégorie…
> Certificat rédigé à la demande de l'intéressé(e) et remis en main propre.
> À… le…

Dr Faroudja,
Président de la section Éthique et Déontologie

+ d'infos
consultez le site internet service-public.fr – rubrique « Loisirs », « Chasse et pêche » puis « Armes ».

Textes de référence
Articles L. 311-1 à L. 317-11 du code de la sécurité intérieure.
Décret n° 2013-700 du 30 juillet 2013 portant application de la loi n° 2012-304 du 6 mars 2012 relative à l'établissement d'un contrôle des armes moderne, simplifié et préventif.

Conclusion

La possession d'une arme, par les simples citoyens, est un droit spécifique des démocraties, il n'existe pas dans les régimes autoritaires, (sauf aux affidés du régime en question).

Les menaces sur les démocraties obligent néanmoins les pouvoirs publics à encadrer cette liberté, afin que des éléments, tentés par le terrorisme, instables, fragiles, présents au sein même de la population et abusant de ce droit, ne puissent s'armer sans contrôle et mettre en danger la société.

Les vrais terroristes, eux, comme le grand banditisme, ne passent pas par les circuits légaux pour s'armer, et n'ont pas besoin de nos services !

Le médecin, qui concourt déjà au service public, par exemple en tant qu'acteur indispensable de la permanence de soins, ou en tant qu'acteur incontournable des grandes campagnes de vaccination ou de prévention du cancer, se voit ici confier un rôle important par les pouvoirs publics, dans le cadre de la Sécurité Intérieure.

Néanmoins, on pourrait, pour « unifier », simplifier et sécuriser la rédaction de ces divers certificats de non contre-indication à la détention d'arme et/ ou d'aptitude à la pratique d'activités où l'on utilise des armes, imaginer un certificat type, général, ou sur un imprimé Cerfa téléchargeable par le patient et à présenter lors de la consultation médicale, ou bien même, téléchargeable par le médecin, seul, sur le site du CNOM reprenant celui nécessaire à l'inscription pour l'examen du permis de chasser, modifié et comportant plusieurs intitulés :

Certificat d'aptitude à l'usage d'arme à titre sportif.

Certificat de non contre-indication à la détention d'armes par voie successorale ou par découverte.

Certificat de non contre-indication au port d'arme.

Auxquels on aurait rajouté, dans le corps du texte plusieurs rubriques, par exemple :

Non contre-indication à la pratique du tir sportif.

Non contre-indication à la détention d'une arme par voie successorale ou par découverte.

Non contre-indication au port d'arme.

Nécessité ou non d'un certificat complémentaire selon les articles 2336-3 du Code de la Défense et 13 du décret du 30 Juillet 2013.

Cette possibilité de téléchargement sur le site du CNOM redonnerait à l'Ordre et donc au médecin, un rôle incontournable, et, de plus, n'aurait aucun coût pour la société.

En effet, il serait aussi précisé sur cet imprimé que la demande devrait faire l'objet d'une consultation spécifique et ne pourrait faire l'objet d'une quelconque prise en charge par l'Assurance Maladie. Le montant de cette consultation ne relèverait donc pas du tarif conventionnel.

Pour certains amateurs cela pourrait apparaître comme un obstacle supplémentaire, mais pour les médecins, qui ne maîtrisent pas obligatoirement la question, et pour la société, ce serait à la fois une simplification et une sécurité obtenue par l'unicité de la rédaction du certificat.

J'espère que ces quelques pages auront contribué à faciliter la tâche de mes confrères, et à donner une vision pragmatique et non dogmatique de ces certificats d'aptitude ou de non contre-indication, à une période ou le politiquement correct voudrait limiter certaines pratiques et donc par là même nos libertés, valeurs auxquelles les médecins restent très attachés, quelque soit l'évolution de notre exercice.

Postface

Tireur sportif chevronné et médecin avisé, le Docteur Tanguy Kerneïs connaît la force des armes comme il connaît aussi la faiblesse des hommes.

Sachant combien cette relation entre les armes et les hommes peut être source de passion ou de raison, il a voulu dédramatiser le problème de la possession des armes à feu, partant du principe que ce n'est pas l'arme qui est dangereuse mais l'homme qui la tient dans sa main.

Trop d'à priori faussent un possible débat alors que la nouvelle règlementation européenne sur les armes a le mérite d'être claire et que son application en France est acceptable même si certains la jugent encore contraignante, alors qu'il en va de la Sécurité Publique.

Pour comprendre la loi, il faut bien connaître les différentes catégories et modèles d'armes qu'un honnête citoyen peut détenir légalement et savoir l'emploi qu'il peut en faire sur un stand de tir ou à la chasse.

Il faut aussi connaître les différents types d'autorisations qui peuvent être accordées aux tireurs ou aux chasseurs pour détenir et transporter légalement leurs armes.

Il faut enfin pour les médecins savoir sur quels critères se baser pour établir un certificat médical particulier qui accompagnera une licence de tir sportif, une demande d'autorisation d'acquisition ou de détention d'arme ou une demande d'inscription à l'examen du permis de chasser ainsi que la délivrance de ce permis.

À ses confrères médecins qui ont cette responsabilité d'évaluer s'il n'y a pas chez un patient de contre-indication à pratiquer le tir ou à détenir une arme, à tous les tireurs et chasseurs, à tous ceux qui s'intéressent aux armes et se posent des questions sur leur détention légale, le docteur Kerneïs aura, avec la précision du tireur licencié FFT, apporté ici sa part de savoir médical, ses explications sur les textes de loi et sa connaissance des armes.

Comme on l'aura compris à travers ce propos : Force est à la loi et ce ne sont pas les armes qui font la loi mais les textes qui les régissent.

Jacques Reder
Lieutenant de Louveterie de Paris

Bibliographie

ANCGG, *Le Grand Gibier*, Hatier, 1999.

Armes de Chasse n° 51, oct.-nov.-déc. 2013, Nouvelle loi armes, Éditions Larivière.

Laurent Bedu, *Platines*, 2009, chez l'auteur.

Laurent Bedu, *De Mauser à Blazer,* 2012, chez l'auteur.

Craig Boddington, *Shoot At Big Game*, Safari Press Inc., 1993.

Fédération Nationale des Chasseurs, *Armes, Petit Livre Vert 2014*.

Général Journée, *Tir des grands animaux à balles ou à chevrotines*, Les Éditions de l'éleveur, 1923.

René Malfatti, *Manuel de Rechargement*, n° 5, Éditions Crepin-Leblond, 2000.

Jean-Pierre Menu, *Maîtriser le tir à balle*, Gerfaut, 2001.

Phillipe Perotti, *Tir et défense*, NDS, 2014.

Raymond Sasia, *Le tir rapide des policiers*, François Reder Éditeur, 1986.

Dr Edmond Varin, *Chevreuil, Cerf, Sanglier*, 2e édition, Les éditions de l'Orée, 1980.

Dominique Venner, *Carabines et fusils de chasse*, Édition de La Pensée Moderne, 1973.

Jon Speed, Walter Schmid, Reiner Herrmann, *Original Obendorf Sporting Rifles*, Collector grade publication, 1997.

Journal officiel de la république française n° 0178 du 2 août 2013, page 13194, texte n° 17.

Cibles, hors-série novembre 2013, nouvelle législation des armes.

Cibles, hors-série mai 2014, nouvelle législation & fusils semi-auto règlementaires.

Cibles, hors-série novembre 2014, nouvelle législation & fusils semi-automatiques.

Cibles, hors-série mai 2019, spécial réglementation.

Bulletin de l'ordre national des médecins, n° 35, mai-juin 2014, page 30 : Le guide juridique, armes et certificat médical, Dr Faroudja.
Force à la loi, Laurent-Franck Lienard, Éditions Crépin-Leblond, 4e édition, mai 2015.
Code de la sécurité intérieure. www.légifrance.gouv.fr Dernière mise à jour : 31 mai 2018.
Code de la défense, version consolidée au 26 mai 2018.
Décret du 27 octobre 2014, 2014-1253.
Décret du 9 mai 2017 n° 2017-909.
Loi du 26 février 2018 n° 2018-133.
Arrêté du 24 août 2018.

www.armes-ufa.com
www.unpact.net
www.lecomiteguillaumetell.fr
www.conseil-national-medecin.fr
www.tiretdefense.com
www.crepin-leblond.fr
www.fftir.org
www.ctppn.fr
www.tir-national-de-versailles.fr
www.les-isards-de-bigorre.fr
www.ficif.com
www.ancgg.org
www.eric-briano-armurier.com
www.oncfs.gouv.fr
www.chasseurdefrance.com
www.sainthubertclubdefrance.fr
www.lagazettedesarmes.com
www.librairie-hussard.com
www.gaston.depelchin.free.fr
www.yard.onl

Lexique armurier et cynégétique

ANCGG : Association Nationale des Chasseurs de Grand Gibier.

Arme automatique : arme qui peut tirer par rafale c'est-à-dire qu'une pression maintenue sur la détente va entraîner un tir ininterrompu, jusqu'à ce que le magasin, le chargeur, (le système d'alimentation) soit vide. ATTENTION, pour les fusils de chasse semi-automatiques à canon lisse, ils sont souvent, par excès de langage, appelés « automatiques ». En réalité il s'agit bien d'armes semi-automatiques tirant coup par coup et non en rafale.

Arme semi-automatique : une pression, même maintenue sur la détente, n'entraîne le tir que d'une seule cartouche ; pour reprendre le tir, il faut relâcher la détente puis réappuyer sur celle-ci.

Avis préalable : encore appelé avis favorable, imprimé vert délivré par la FFT au tireur désirant acquérir une arme de catégorie B (article 28-2 du décret 95-589 du 6 mai 1995), et indispensable a la constitution du dossier de la demande près la préfecture.
La délivrance est subordonnée à la pratique régulière du tir.
Le directeur de la Société de Tir atteste de la capacité à détenir et à utiliser une arme en toute sécurité.
Le président de la Ligue Régionale, au vu de l'attestation, donne un avis favorable, sur le même imprimé, à la demande d'autorisation d'acquisition et de détention.

Balle : projectile métallique : monométallique ou, le plus souvent, en alliage.

Calibre : plusieurs significations pour ce mot.
Pour les armes rayées, du diamètre du projectile en passant par lediamètre intérieur du canon (au fond ou en haut des rayures), suivi d'un deuxième chiffre et/ou d'une lettre et/ou d'un nom.

Sans oublier, pour les armes lisses, une définition très ancienne, datant de l'ancien régime, mais toujours utilisée dans le monde entier : la mesure du calibre correspond au nombre de balles du calibre en question que l'on pouvait couler avec une livre de plomb (entre 455 et485 gramme suivant qu'il s'agisse de livre anglaise ou française).
Pour un calibre 12 cela veut dire 12 balles de ce calibre (en réalité le calibre en millimètre est maintenant variable suivant le choke (ou retreint de la bouche du canon) et d'environ 18,5 m/m. Le choke servant à concentrer la gerbe de grenaille ou petit plomb utilisé pour le petit gibier).
Pour les armes rayées, suivant l'origine, européenne ou américaine/anglo-saxonne, un calibre est exprimé dans des unités spécifiques.
Les calibres européens sont dits « métriques » : exprimés en millimètres et comportent souvent deux séries de chiffres : le premier correspond, classiquement, au diamètre du canon pris au fond des rayures :
Ex. : 9 × 19 ou 9 para ou 9 m/m parabellum ou 9 luger, 4 appellations pour le même calibre !
ex : 7 × 64 ou 7 × 64 Brenneke
le deuxième chiffre, séparé du premier par le signe « X » correspond à la longueur de l'étui (la douille). Il peut être suivi du nom du concepteur. Ici deux exemples de concepteurs allemands mondialement connus : Luger pour Georges Luger, le père du parabellum en 1899 et Brenneke pour Wilhem Brenneke, prolifique balisticien.
Les calibres américains sont exprimés en centièmes ou millièmes de pouce pour le diamètre du projectile.
Le deuxième chiffre ici peut avoir plusieurs significations:
– Ou bien la charge de poudre en grains
– Ou bien la vitesse du projectile
– Ou bien l'année d'adoption si ce calibre a été adopté par le gouvernement américain
– Ou bien l'origine de la douille
– Ou bien c'est le nom du fabricant ou du concepteur.
Ex. : .45 ACP, 45 Automatic Colt Pistol, cal. 45 M 1911, se traduit en français en : 11,43 m/m.
Là aussi, il existe pour le profane, une certainecomplexité.

En réalité, elle n'est qu'apparente une fois que l'on a compris les différences d'unités de mesure et le contexte historique ou industriel lors de la mise sur le marché du calibre et/ou de l'arme.
Il y a actuellement plus de 1500 calibres d'armes dans le monde : du .17 Hornet au .700 Nitro-Express !

Canons rayés : vers 1500 apparaissent, en Allemagne du sud, les premières armes à canon rayé intérieurement : les carabines, par opposition, en France, au fusil, qui a un canon à âme lisse. Elles ne se répandront, dans notre pays, que tardivement. L'intérêt de ces armes : augmentation de la vitesse et de la précision du projectile, stabilisé par les rayures dans lesquelles il rentre à force. Il fallut attendre le 19ème siècle pour que leur usage se répande chez nous.
Culturellement, ce sont les Allemands et plus tard aussi les Américains, qui ont depuis toujours la maîtrise de la fabrication de ces armes. En France, actuellement, les discussions portent sur l'utilisation éventuelle de la chevrotine !! (canon lisse).

Cartouche : comprend plusieurs éléments : la douille ou étui, avec, à sa partie inférieure ou culot, une amorce. Celle-ci percutée, enflammera la poudre qui rempli cette douille.
À sa partie supérieure est serti, extérieurement, un projectile, si c'est une munition pour carabine rayée destinée au tir ou a la chasse du grand gibier.
Dans le cas des cartouches à « balle » pour armes lisses, le projectile est contenu dans la douille, qui est en plastique ou en carton.
Ces cartouches pour fusils lisses sont le plus souvent chargées avec de la grenaille pour chasser le petit gibier ou pour la pratique du ball-trap.

Chevrotines : dans une douille pour arme lisse, on remplace le petit plomb par 9 à 24 très gros plombs, véritables petites balles : imprécision totale, risque majeur de ricochet, cette munition est une résurgence des temps anciens, dont l'usage devrait être interdit au vu des accidents collatéraux qu'elle provoque. Son utilisation perdure dans des usages ni cynégétiques ni sportifs, relevant habituellement des Cours d'Assises.

FFBT : Fédération Française de Ball-Trap

FFS : Fédération Française de Ski
FFT : Fédération Française de Tir

FNC : Fédération Nationale des Chasseurs

Grand Gibier : (à tort, souvent appelé « gros » gibier) en France : renard, chevreuil, chamois, isard, mouflon, sanglier, cerf.
Ces gibiers se chassent essentiellement avec des carabines à canons rayés et à percussion centrale ou des fusils à canons lisses, excepté en Corse ou la chevrotine est toujours autorisée.

Grenaille : « cartouches à plombs », contient des plombs d'un diamètre donné suivant l'usage que l'on veut en faire : petit plomb pour le ball-trap. Pour les zones humides le plomb est interdit.
Le bismuth, l'acier ou le tungstène le remplace. NCPP : Nouveau Code de Procédure Pénale

ONF : Office National des Forêts

Percussion annulaire : l'amorce est située dans le bourrelet du culot (essentiellement 4 petits calibres : 6 m/m Flobert, .17 HMR, 22 LR, 22 Magnum.

Percussion centrale : l'amorce (qui permet l'ignition de la poudre après percussion par le percuteur) est placée au centre du culot de la cartouche.

Petit gibier : tout ce qui est faune sauvage classée « gibier » : oiseaux (de terre ou d'eau) et mammifères (lapin, lièvre...).
Pour leur chasse, on utilise des fusils à canons lisses, juxtaposés, superposés ou semi-automatiques tirant des cartouches chargées de grenaille (plomb ou autres métaux pour les zones humides).

UFA : Union Française des amateurs d'Armes.

Lexique médical

ADELI : N° d'identification départemental d'un médecin

ARS : Agence Régionale de Santé

Attestation : art.202 du NCPC (Nouveau Code de Procédure Civile) l'attestation contient la relation des faits (médicaux ou non) auxquels son auteur a assisté ou qu'il a personnellement constatés. Rédigée sur papier libre, elle comporte les noms, prénoms, date et lieu de naissance, adresse et profession du déclarant.

Certificat : le certificat médical, constate des faits médicaux, en atteste la réalité et en tire des conclusions. Il peut intéresser des tiers. Il engage la responsabilité pénale, civile, disciplinaire du médecin. La production des certificats dont il est question ici, est prescrite par la loi. Le médecin est donc tenu, sauf s'il s'estime incompétent (art.70 du code de déontologie) de le rédiger. Il n'est délivré au patient qu'à sa demande, en main propre, et seulement après examen, pour faire valoir ce que de droit (tout ceci doit être écrit). Rédigé sur une ordonnance, il est lisible, sans rature, daté, la signature est manuscrite. Un double est conservé. Article R.4127-76 du CSP.

CSP : Code de la Santé Publique

MACSF : Mutuelle d'Assurance du Corps Français de Santé
RPPS : N° d'identification national d'un médecin.

Tableau récapitulatif, Loi de 2012, décret du 30 juillet 2013, décret du 29 juin 2018,

Armes	Catégorie	Certificat médical	Contre-indications médicales et administratives	Spécialité du médecin
Automatiques, de poing comme d'épaule	A en principe interdites, autorisation préfectorale	en théorie 1 seul mais, en pratique comme B,	comme B, sinon armes détenables par les experts près les tribunaux et certains tireurs sportifs	Médecin traitant de toute spécialité
Armes d'épaule semi-automatiques à chargeur détachable,10 coups Ainsi que toute les armes de poing à cartouches métalliques postérieures à 1900, sauf celles qui, antérieures à 1900, figurent néanmoins (liste spéciale), en B, exemple : le pistolet mauser C 96 (1896) est classé en B	B soumises à autorisation préfectorale en pratique, il faut être tireur licencié et être titulaire d'un carnet de tir et surtout avoir un avis favorable de la fédération sportive dont on dépend et bien sur avoir un casier vierge	2 certificats au moins le 1er, initial, pour l'inscription dans un club de tir, précise la « non contre indication a la pratique du tir » le 2e, annuel, est attenant a la licence de la fédération, au dos de celle-ci le 3e, rédigé par un psychiatre, si le patient a des antécédents, ou si le premier médecin estime qu'il y a lieu de demander un avis spécialisé	A) médicales : antécédents psychiatriques affection aiguë ou non stabilisée, neurologique ou neuro-musculaire ou orthopédique affection ophtalmologique grave toute maladie aiguë ou non stabilisée risquant de compromettre, comme les précédentes affections, la sécurité du tireur et /ou de l'entourage Les addictions : alcool, stupéfiants, médicaments	médecin traitant, de toute spécialité sauf pour le biathlon, ou le certificat ne précise pas « médecin traitant » psychiatre, selon la liste précisée par le code de la défense

armes d'épaules semi-automatiques à chargeurs détachables armes de poing postérieures à 1900, plus liste spéciale des armes de poing antérieures à 1900 et surclassées en B	B une fois obtenue et délivrée, cette autorisation permet l'achat de l'arme chez l'armurier autorisé au commerce de catégorie B l'armurier renvoie le double de cette autorisation, complétée, a la préfecture inscription sur livre de police de l'armurier. Facture		B) administratives consultation du fichier FINIADA par les services préfectoraux et les présidents de club de tir et autorisation délivrée, dans la réalité a la discrétion du préfet fichier FINIADA consulté par l'armurier ou le courtier, si enregistré près la préfecture	
armes d'épaule de chasse et/ou de tir, à 1 coup par canon, à répétition manuelle, ou semi-automatique à chargeur fixe, à canon rayé ou lisse (excepte les « fusils a pompe » à canon lisse, classes en B, comme les fusils à pompe de moins de 80 cm ,et de canon inférieur à 60 cm)	C achat avec permis de chasser ou licence fédération FFT, FFBT, FFS Soumis à déclaration en préfecture, effectuée, par l'armurier inscrit sur livre de police de l'armurier facture	1 seul et définitif certificat, si permis de chasser. Le certificat est intégré à l'imprimé de demande de passage de l'examen de permis de chasser Pour ceux qui l'on passé après l'institution de cet examen national Sinon 2 si licence d'une fédération, comme pour une arme de catégorie B	Consultation FINIADA par la Fédération des Chasseurs Contre-indications médicales comme pour les armes de catégorie B, Fichier consultable par l'armurier ou le courtier s'il est enregistré près la préfecture	Tout médecin, pas nécessairement le médecin traitant Comme pour le armes de catégorie B

Pour mémoire : Armes d'épaule de chasse à canon lisse et a un seul coup par canon,	Ex Catégorie D 1 En C maintenant DÉCLARATION Avant le 1/8/18,étaient Soumises à inscription, sur les livres de police de l'armurier depuis fin 2011, pour les armes de chasse facture	reclassée en C Certificat établi pour le passage du permis de chasser, sinon rien et une carte d'identité	Le 1/8/ 2018 en C Vérification FINIADA par l'armurier ou le courtier	(Europe) Idem ci-dessus
Armes de collection, (militaires ou civiles, de chasse ou de tir, lisse ou rayée), antérieures a 1900, sauf celles classées en C pour certaines armes d'épaule (Winchester, Mauser 1898) ou en B, pour certaines armes de poing (Mauserc 96, Revolver 1892)	(ex D2) Inscription sur les livres de compte facture	Carte d'identité	Contre indication : celles figurant sur la demande de passage de l'examen du permis de chasser	

Tireurs licenciés		Validité du certificat	Contre-indications	Spécialité du médecin
FFT/FFBT/FFSKI	Médecin devant être consulté :	Validité 1 mois (3 mois pour la FFBT)		
	Tout médecin pour le certificat de non contre-indication à la pratique du tir	1 an	Idem ci-dessus	toutes et si nécessaire, un psychiatre, selon nécessité
	Médecin traitant, toute spécialité pour le certificat pré rempli au dos de la licence			
Chasseurs	Non précisé, toute spécialité, médecin traitant ou non	Validité définitive		Toutes

Citoyens ni tireurs ni chasseurs : possession par héritage, ou bien au titre de la défense Collectionneur à partir de décembre 2018 /février 2019	médecin traitant ou non Carte du collectionneur délivrée pour 15 ans ?	validité 15 jours (code de la défense) repoussée à 1 mois Certificat à chaque achat ? 1 mois	Contre-indications : au moins celles du permis de chasser	Toutes

www.ingramcontent.com/pod-product-compliance
Lightning Source LLC
LaVergne TN
LVHW051124051026
849532LV00004BB/1670